U0480372

全本对照——经典碑帖临写辅导

柳公权玄秘塔碑

程峰 编著

上海书画出版社

图书在版编目(CIP)数据
柳公权玄秘塔碑/程峰编著.--上海:上海书画出版社,2016.8
(全本对照:经典碑帖临写辅导)
ISBN 978-7-5479-1256-0
Ⅰ.①柳… Ⅱ.①程… Ⅲ.①毛笔字-楷书-中小学-法帖 Ⅳ.①G634.955.3
中国版本图书馆CIP数据核字(2016)第150531号

柳公权玄秘塔碑

全本对照——经典碑帖临写辅导

程峰 编著

责任编辑 张恒烟 李剑锋
责任校对 倪 凡
封面设计 王 峥
技术编辑 包赛明

出版发行 上海世纪出版集团
上海书画出版社
地址 上海市延安西路593号 200050
网址 www.ewen.co
www.shshuhua.com
E-mail shcpph@163.com
制版 上海文高文化发展有限公司
印刷 上海画中画包装印刷有限公司
经销 各地新华书店
开本 889×1194 1/16
印张 6
版次 2016年8月第1版 2016年8月第1次印刷

书号 ISBN 978-7-5479-1256-0
定价 39.00元

若有印刷、装订质量问题,请与承印厂联系

目录 Contents

总纲

书法是中国的国粹，是世界艺术的瑰宝之一，历来深受人们的喜爱。在中国古代，用毛笔书写以实用为主，经过一代代书法家们对美的追求和探索，薪火传承，不断创造，书写升华为一门博大精深的书法艺术。

书法的技法内容很多，其中最核心的内容当数“笔法”。初学“笔法”，主要要求掌握“执笔法”和“用笔法”。

一、执笔法

在实践中被人们广泛接受的执笔方法，是由沈尹默先生诠释的“执笔五字法”。即用“擫”、“押”、“勾”、“格”、“抵”五个字来说明五个手指在执笔中的作用。（见图）

擫：是指大拇指由内向外顶住笔杆，就像吹箫时按住后面的箫孔一样。

押：是指食指由外向内贴住笔杆，和拇指相配合，基本固定住笔杆。

勾：是指中指由外向内勾住笔杆，加强食指的力量。

格：是指无名指爪肉处从右下向左上顶住笔杆。

抵：是指小指紧贴无名指，以增加无名指的力量。

如上所述，五个手指各司其职，将圆柱体的笔杆牢牢地控制在手中，各个手指的力从四面八方汇向圆心，执笔自然坚实稳定，便于挥运。

执笔的要领是指实掌虚，腕平掌竖。这里特别要提醒的是，随着书写姿式（如坐姿和立姿）的变化，手腕的角度和大拇指的角度应该作相应的调整。

二、用笔法

用笔，又叫运笔，是“笔法”中最为重要的核心内容，它直接影响到书写的质量。

（一）中锋、侧锋、偏锋

一般来说，在书写中笔尖的位置有三种状态，即“中锋”、“侧锋”、“偏锋”。

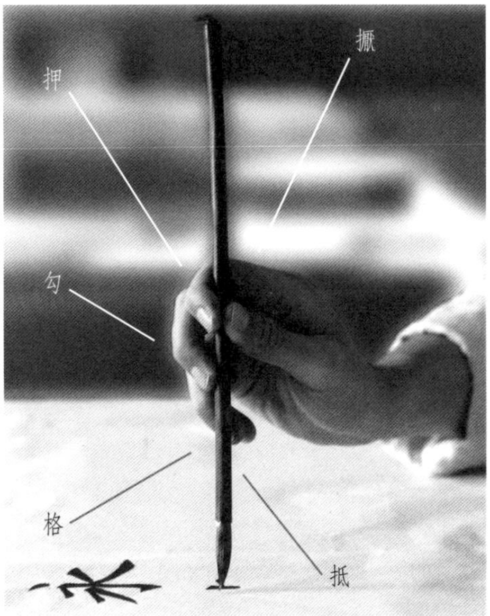

执笔示意

“中锋”：主锋的方向和运动的方向相反，呈 180 度，令笔心在笔画的中线上行走，而笔身要保持挺立之状。

“侧锋”：起笔时逆势切入，运笔时笔毫斜铺，笔尖方向和运动方向处于 90 度到 180 度之间，呈夹角，而收笔结束时回复到中锋状态。

“偏锋”：笔尖的方向和运动的方向成直角（90 度）。

用中锋和侧锋写出的线条具有立体感和感染力。用偏锋写出的线条扁平浮薄、墨不入纸，是病态的，应该绝对摒弃。古人总结出用笔的规律，提倡“中侧并用”，就是这个道理。

（二）起笔、运笔和收笔

每一个点画都包含起、运、收三部分。所以掌握正确的起笔、运笔、收笔方法十分重要。

1. 起笔

起笔又叫发笔、下笔，它的基本形状无非方、圆、藏、露四种。起笔的基本方法有三种，即“尖头起笔”、“方头起笔”、“圆头起笔”。

尖头起笔（露锋）

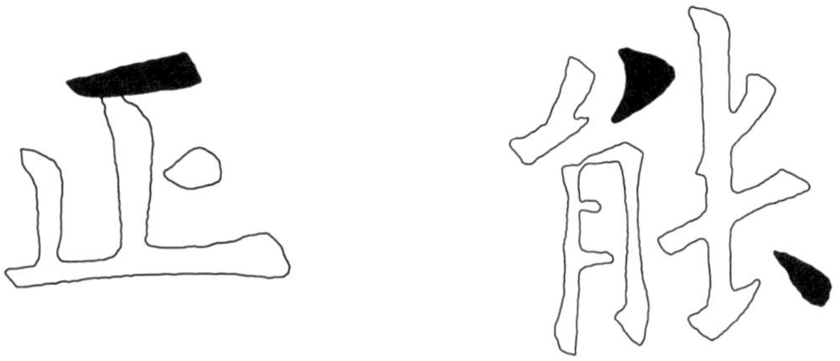

方头起笔（露锋、藏锋皆可）

圆头起笔（藏锋）

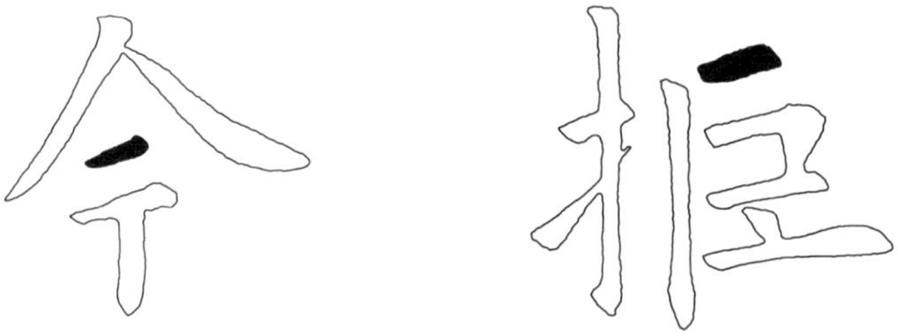

2. 运笔

运笔部分即笔画的中截，又称“中间走笔”。

运笔的第一个要求是始终保持中锋或侧锋。要做到这点就离不开调锋。调锋的目的，就是使笔尖调整到中锋或侧锋的位置。

调锋的手段有三种：

一是提按动作，通过上下垂直的运动使笔尖达到理想的位置。

二是衄挫动作，通过平面的挫动，使笔尖达到理想的位置。

三是兜圈动作，通过顺时针或逆时针方向的转动，使笔尖达到理想的位置。

运笔的第二个要求是涩行。笔锋和纸面相抵产生一种相争、对抗，即在运笔的过程中要有摩擦力，古人生动地比喻为“逆水行舟”和“中流荡桨”，这样写出的笔画才浑厚凝重。切忌平拖滑行。

3. 收笔

笔画结束，一定要回锋收笔，如遇出锋的笔画，如钩、撇、捺等，也要有收的意识，即“空收”。古人说“无垂不缩，无往不收”，言简意赅地阐明了收笔的重要性。收笔回锋有两个作用：一是使笔尖由弯曲还原成直立，使点画起讫分明；二是不论藏锋还是露锋，收笔必须过渡到下一笔画的起笔。

第一讲
基本笔画及变化——横竖撇捺

横、竖、撇、捺、点、钩、折、挑八个基本点画是构成汉字的重要元素。

一、横

“永字八法”中称“横”为“勒”，如勒马用缰。晋卫夫人《笔阵图》曰：“横如千里阵云。”

柳公权《玄秘塔碑》横画的起笔方笔居多，方中有圆；运笔做到中锋逆势，圆润劲挺；收笔要到位而不夸张、不突兀。《玄秘塔碑》中横画最常见变化有：凹短横、平短横、平长横、覆长横、左尖横等。

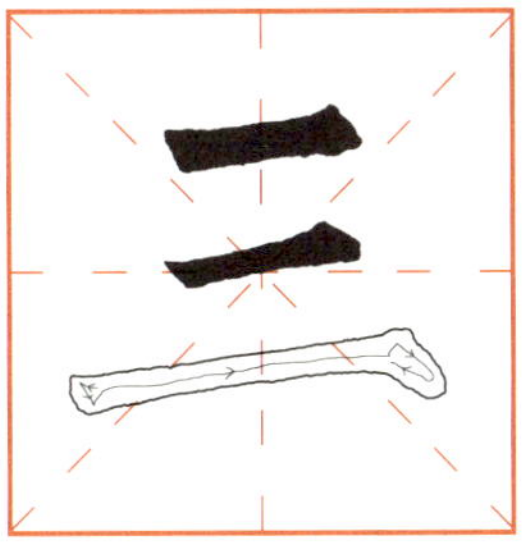

基本写法

起笔：逆锋起笔，向下作顿；
运笔：调整中锋，往右横出；
收笔：提笔上昂，下顿回收。

小提示

❶ 楷书横画不是水平的，略有左低右高之势；
❷ 横画要注意“长短”、“粗细”、“弯度”、“斜度”等方面变化，临写时要注意观察。

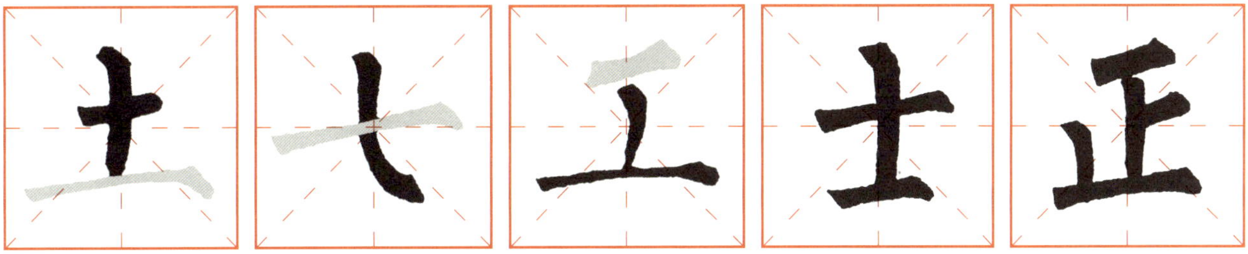

二、竖

“永字八法”中称“竖”为“努”。卫夫人《笔阵图》曰：“竖如万岁枯藤。”

柳公权《玄秘塔碑》的竖画讲求直与曲的变化，做到寓曲于直，如力士之挺举千斤之物，凸胸含腰，有曲线之美。《玄秘塔碑》中竖画最常见的有：垂露竖、悬针竖、短中竖、左弧竖、右弧竖等。

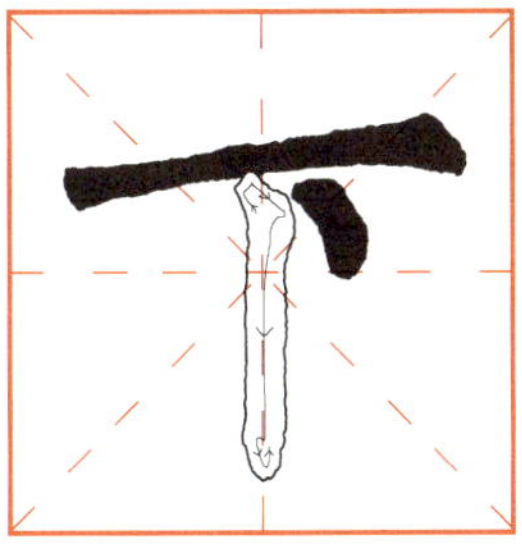

基本写法

起笔：逆锋起笔，右下作顿；
运笔：调整中锋，往下作竖；
收笔：提笔上回，下顿收笔；（垂露）
收笔：渐提渐收，力送笔尖。（悬针）

小提示

❶ 竖画多“直中见曲”，以显示弹性与力度；
❷ 两个竖画组合可以相向或相背，三个竖画以上者，中间多为垂露竖，左右则可相向或相背；
❸ 垂露竖收笔圆劲饱满，但要自然；悬针竖收笔尖而有力，空中回收避免虚尖。

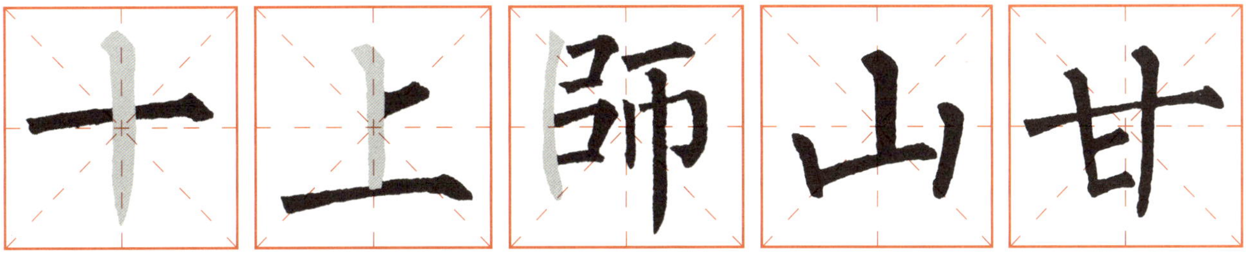

三、撇

“永字八法”中称“短撇”为“啄”，长撇为“掠”。卫夫人《笔阵图》曰：“撇如陆断犀象。”

柳公权《玄秘塔碑》的撇画书写时应爽快干脆，出锋切忌虚尖。长撇要婉转舒畅，遒劲有力；短撇力聚锋尖，尖锐饱满。《玄秘塔碑》的撇常见的有：短撇、平撇、长撇、竖撇、兰叶撇、回锋撇等。

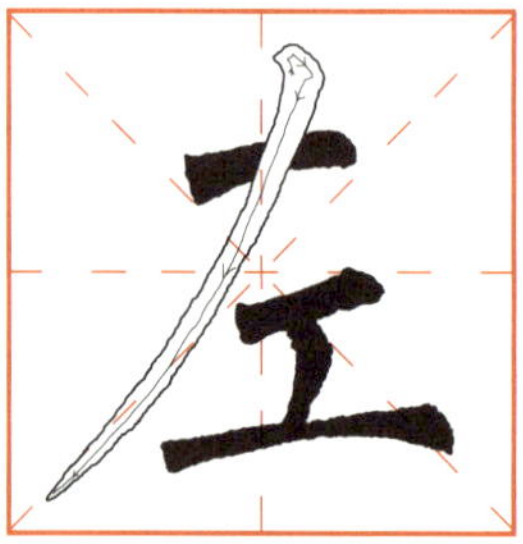

基本写法

起笔：逆锋起笔，右下作顿；

运笔：调整中锋，左下力行；

收笔：渐提渐收，力送笔尖。

小提示

1. 撇在字中有时充当主笔作支撑作用；
2. 撇在于长短、粗细、方向、起收笔等方面变化；
3. 单字中若遇多个撇画，须有参差变化，避免雷同。

四、捺

“永字八法”中称“捺”为“磔”。卫夫人《笔阵图》曰：“捺如崩浪雷奔。”

柳公权《玄秘塔碑》的捺画书写时，逆锋起笔，调锋后再朝右下行笔，渐行渐粗，笔毫逐步铺开，至捺脚处驻锋顿笔，捺出时挫动笔锋，边走边调，边调边提，调整中锋后迅速出锋，并作中回空收。《玄秘塔碑》的捺常见的有：斜捺、侧捺、平捺等。

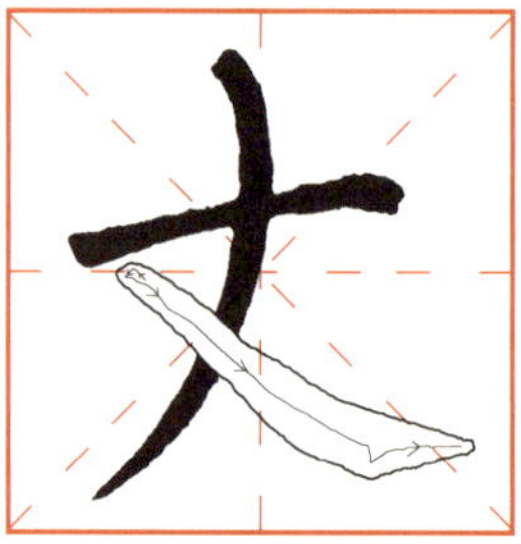

基本写法

起笔：逆锋起笔，左下作顿；

运笔：转笔缓行，由细渐粗；

收笔：下顿右捺，渐提渐收。

小提示

1. 捺往往是一字中的主笔，要写得较粗壮、饱满、有力，一波而三折；
2. 斜捺往往与左撇配合呼应，平捺称之为“横波”，如水波之起伏；
3. 凡一字有两捺者，通常其中一个捺用长点处理。

五、拓展：正言　至情　平等　天真

临习要点

左边的四组两字词，供临摹与创作。

临习时，要注意灵活应用所学到的知识。如这些字中有许多横，哪些是短横、长横？“正言”、“至情”、“平等”、“天真”八个字都有长横，有哪些变化？“天”字的长横为什么不是最舒展尽势？又如竖的位置在字的左、中、右，是否有变化规律可循？“天真”两字是怎样做到撇点协调、左右对称呼应的？

创作提示

尝试创作时，要将两个字的关系处理好。如“至情”两字要写得横平竖直，同时避免呆板；“平等”两字繁简对比大，要注意整体协调。

幅式参考

扇面

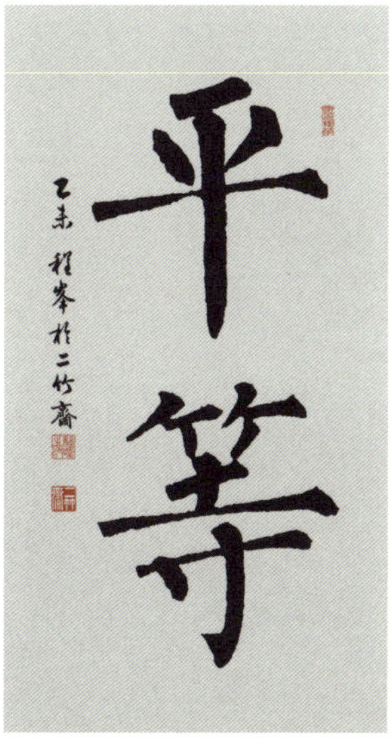

中堂

第二讲
基本笔画及变化——折钩提点

一、折

“永字八法”中无折法，但实际习用甚繁并极其重要。卫夫人《笔法论》曰：“折如劲弩筋节。”

初学柳公权《玄秘塔碑》的折法，可先以横折为例，用笔要纵横相联，吻合紧密，转角自然。《玄秘塔碑》的横折常见的有：高横折、扁横折。其他折有：竖折、撇折等。

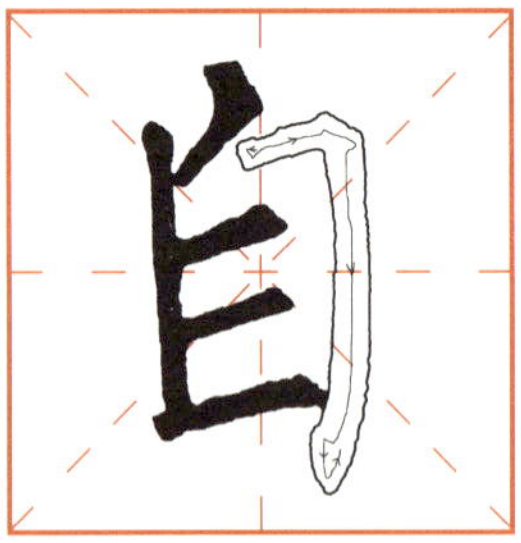

基本写法

起笔：逆锋起笔，往下作顿；
运笔：调整中锋，往右横出；
转折：提笔上昂，右下作顿；
运笔：调整中锋，往下作竖；
收笔：提笔上昂，下顿收笔。

小提示

❶《玄秘塔碑》的横折，折处以方为主，方中略带圆；
❷ 高横折的折画须直，扁横折的折画往里斜，相应的左竖与之呼应。

二、钩

“永字八法”中称“钩”为“趯”。卫夫人《笔法论》曰：“钩如百钧弩发。”

柳公权《玄秘塔碑》的钩，书写时充分利用笔毫斜铺，蹲锋得势而出，要力聚锋尖、尖锐饱满，切忌虚尖，力量速度要恰到好处。《玄秘塔碑》的钩常见的有：竖钩、弯钩、横钩、竖弯钩、卧钩等。

基本写法

起笔：逆锋起笔，右下作顿；
运笔：调整中锋，往下作竖；
转折：提笔作围，转锋作钩；
收笔：速提速收，力送笔尖。

小提示

❶ 钩末出锋要尖锐，不能虚尖；
❷ 钩的角度、长短、弧度、出钩方向等，都要根据字的不同结构要求和笔势而定。

三、提

“永字八法”中称“提”为“策”，李世民《笔法诀》曰：“策须仰策而收。”

柳公权《玄秘塔碑》的提，起笔同横画，调锋后右仰上提，借势发力，出锋时于空中作收势，力聚锋尖，尖锐劲利。《玄秘塔碑》的提常见的有：平提、斜提、长提、点带提等。

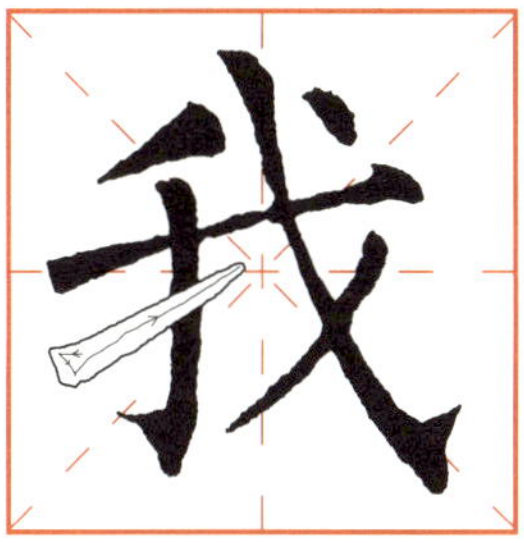

基本写法

起笔：逆锋起笔、右下作顿；

运笔：调整中锋、右上行笔；

收笔：渐提渐收、力送笔尖。

小提示

❶ 提的写法同右尖横，收笔有的较为含蓄，有的尖锐劲利，避免虚尖；

❷ 提常与下一笔意连，有呼应之势。

四、点

“永字八法”中称“点”为“侧”，卫夫人《笔阵图》曰：“点如高峰坠石。”

柳公权《玄秘塔碑》的点，下笔时当顺势落笔，露锋处要尖锐饱满、干净利落，收笔时要藏锋饱满。《玄秘塔碑》的点常见的有：方点、圆点、竖点、左点等。

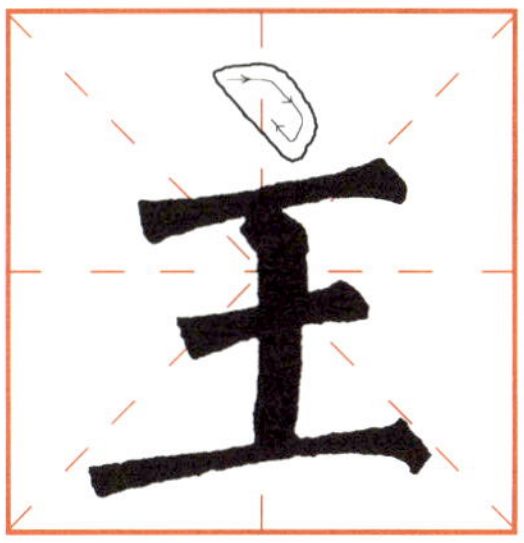

基本写法

起笔：侧锋峻落；

运笔：顿笔小旋；

收笔：势足收锋。

小提示

❶ 点虽小，但变化最多，一切变化都须服从于字的结构和笔势的需要；

❷ 点单独用较少，组合应用非常丰富，如相向点、相对点、横三点、横四点、合三点、聚四点等等。

五、拓展：书香　静思　流水　灵感

临习要点

“折”要自然，方中寓圆，如“书香”两字；“钩”有的尖锐，有的含蓄，如“静思”两字；“提”有方向、长短变化，如“流水”两字；“点”要注意相互之间的配合、呼应，如“灵感”两字。

创作提示

楷书作品的书写要做到“三好”，即“笔画好”、“结构好”、“章法好”。笔画好是基础，所以要狠下苦功，苦练用笔，才能在书写时做到笔笔到位，写出《玄秘塔碑》“道劲丰润”的特点。

幅式参考

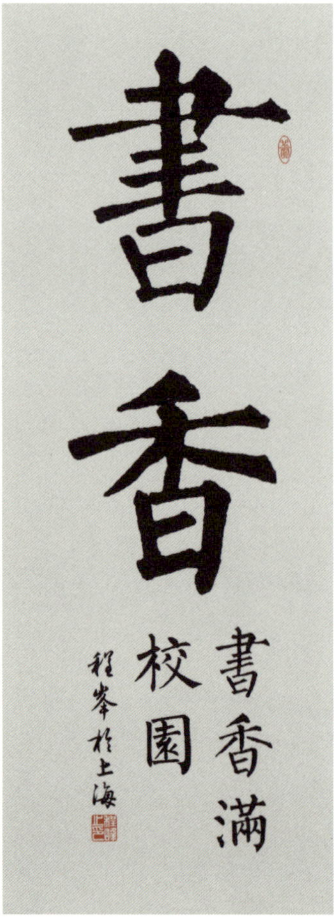

条幅

第三讲

部首——左旁与右旁

部首形态各异，是构成汉字合体字的重要部件。练好部首是掌握间架结构的基础。

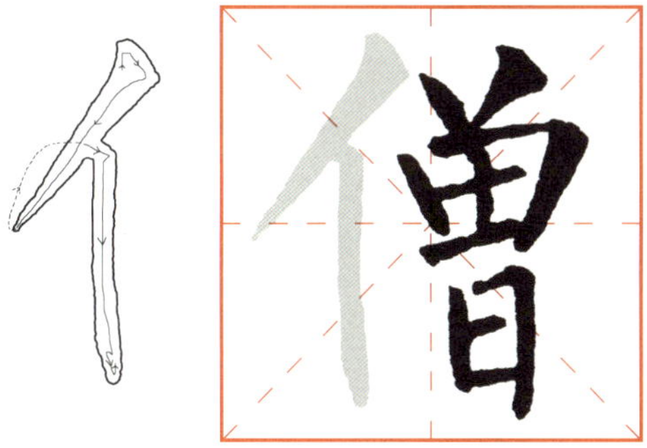

一、单人旁与双人旁

单人旁与双人旁都是由短撇和竖画组成的，作为左旁所占的位置较为窄小，安排上以“左紧右松”为主，起到避让右边部件的作用，同时下竖的“长短”、“曲直”要根据具体情况有所变化。

单人旁：撇竖组合姿态多，长短根据字需要。

双人旁：两撇起笔一直线，长短斜度有变化。

二、竖心旁与提手旁

竖心旁的笔顺为“左点、右点、竖”，左右点之间要有变化、讲求呼应，竖要稍长，直中见曲势。

提手旁竖钩的竖笔稍长，略带弧势，弧势根据字的需要，竖笔不能竖在“横画”、“挑画”的中间，应偏右，使得提手旁有让右之势，钩笔有藏有露，体现变化。

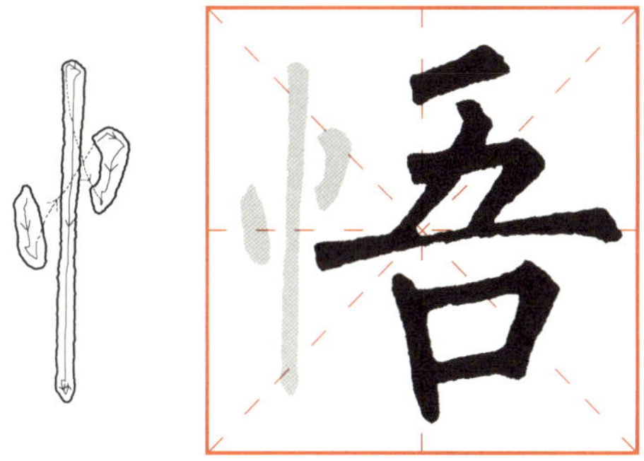

竖心旁：左点右点加长竖，两点呼应且变化。

提手旁：短横厚重竖挺拔，钩提有力不虚浮。

三、提土旁与王字旁

提土旁与王字旁写法相近，只是王字旁上面多了一横。两者都是底横化“横”为“挑”，都要表现出与右部的穿插借让关系，下面的“挑”都要与右部第一笔形成笔势连贯。

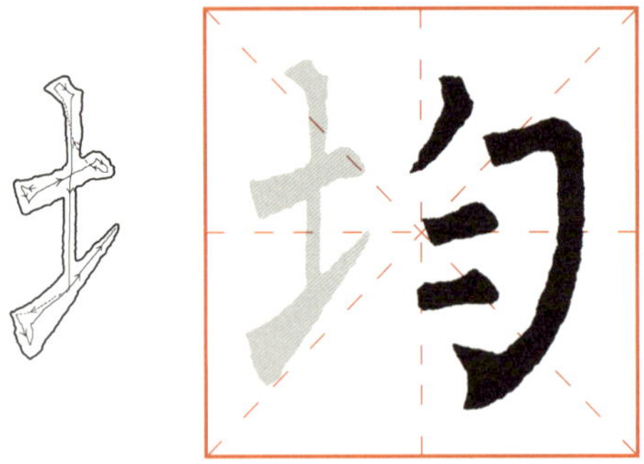

提土旁：土字下横变挑笔，挑与下笔意相连。
王字旁：偏旁不要写太宽，两横一挑求匀称。

四、木字旁与禾木旁

木字旁与禾木旁写法相近，只是禾木旁的上面多了一个平撇。两者都不能将“横竖撇点”四笔交于一点，横画都不宜写得太短，要左伸右缩，体现让右关系。

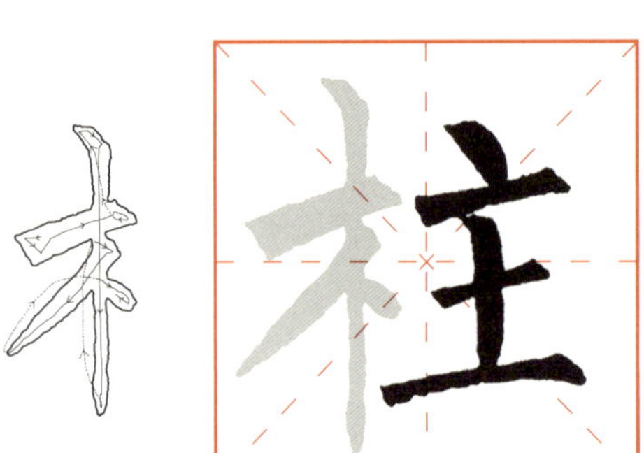

木字旁：撇交竖画露小角，斜点忌写交叉处。
禾木旁：短撇应该写得平，让右关系把握好。

五、三点水与金字旁

三点水要写出三点不同的姿态，有承接呼应之势，呈散射弧形排列，提点注意角度，要与右部首笔的起笔笔意相连；

金字旁的撇画较舒展、捺画变点，注意让右关系，末笔横画起笔向左伸。

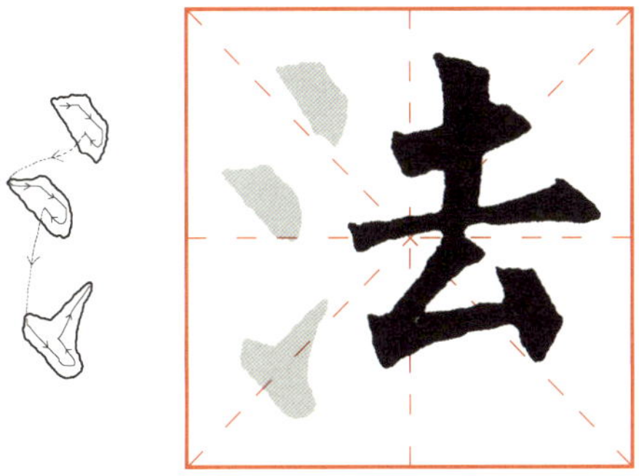

三点水：三点笔姿各不同，提点应与后笔连。

金字旁：撇首竖画对中心，字头盖住玉字底。

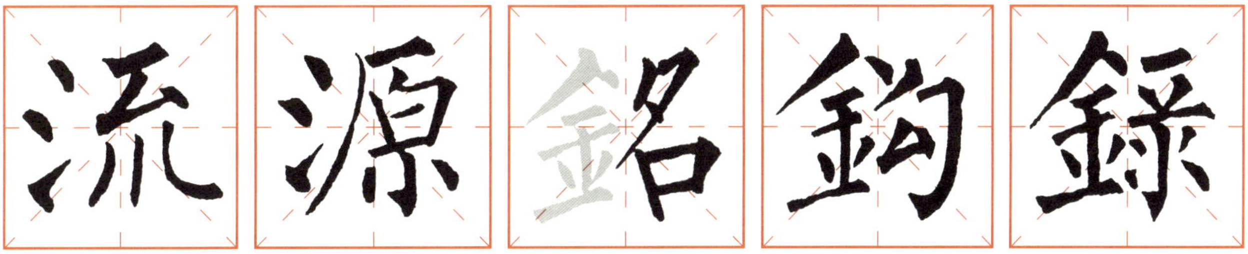

六、左耳旁与言字旁

左耳旁的“左耳”不宜写太大，位置偏上，以让出空间给右边笔画穿插；

言字旁的首点写成“侧点”，侧点偏右，首横稍长，左伸右缩，横向笔画分布均匀。

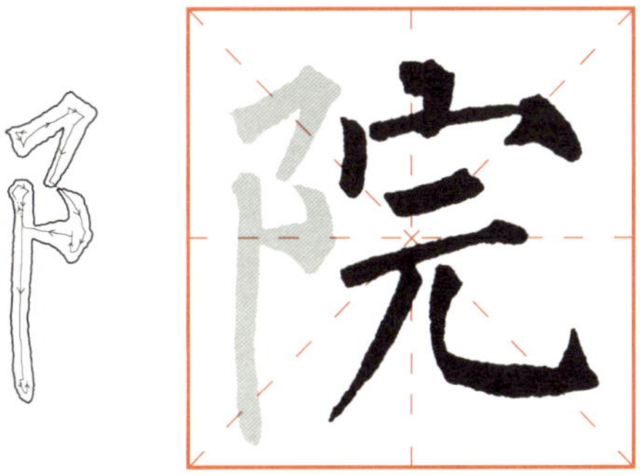

左耳旁：左耳不宜写太大，让出右边笔画行。

言字旁：右侧齐平重心稳，粗细变化间隔匀。

七、示字旁与反犬旁

示字旁的点在整个示字旁稍偏右，横撇的角度宜适中，竖画长短根据字的结构的需要；
反犬旁的上下两撇要有变化，弧钩的钩有的露锋尖锐，也有的较为含蓄。

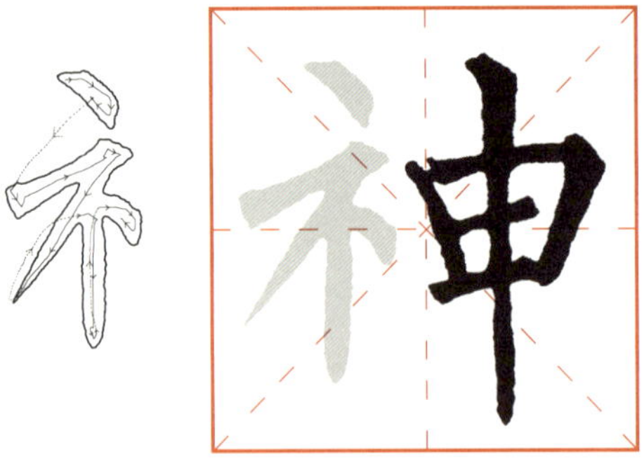

示字旁：折撇不要弧太大，末点须藏腰眼里。
反犬旁：上下两撇变化多，弧钩带弯重心稳。

八、绞丝旁与女字旁

绞丝旁的两组撇折要注意变化，三点稍散开，朝右上方均匀排列，并控制好重心；
女字旁的横画变“提”，撇、点的交叉处与起笔位于同一直线上。

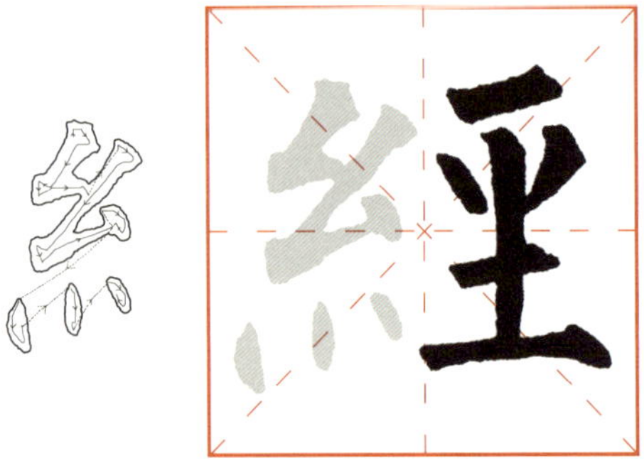

绞丝旁：二折各自有特点，空挡均匀形摆稳。
女字旁：女部撇点要呼应，让右关系把握好。

九、立刀旁与页字旁

立刀旁的短竖位置在竖钩位置中间偏高，两竖注意保持好距离；
页字旁起笔的横画宜短，末笔横画左伸，撇高点低整体平衡。

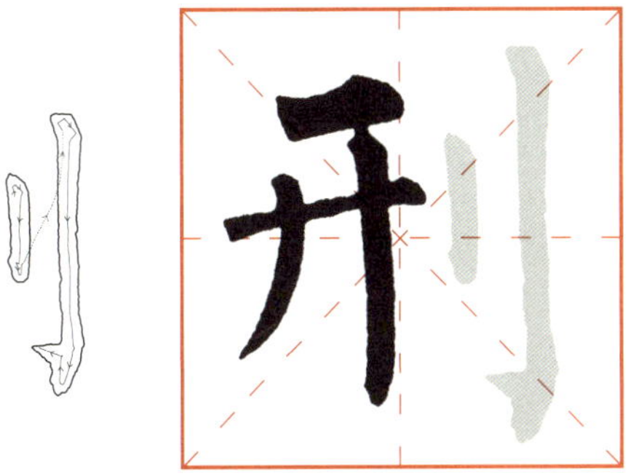

立刀旁：小竖位置略偏高，结构紧凑不松散。
页字旁：计白当黑间隔匀，撇点斜点配合好。

十、反文旁与殳字旁

反文旁的短撇较直，长撇写成竖撇，较弯，长撇与捺画呼应协调，且轻撇重捺、撇收捺放；
殳字旁的上下小部件，左右之间的点画搭配稳健、呼应中求变化，捺画有时写作斜捺、有时也可写作反捺。

反文旁：短撇短横配合好，反文中紧撇捺开。
殳字旁：折撇轻快又迎左，撇捺对称又呼应。

十一、拓展：静观自得　推陈出新

临习要点

左右结构的字，要讲求相互之间的穿插与避让。如“静”、“观”、“得”、“推”、“陈”、“新”等字，使得左右部件之间的结构更为严谨，整体更为协调、统一。

创作提示

下图作品“推陈出新”是一幅四字条幅作品，章法上，字间距离要等同，宁疏勿密，每个字都应当居中对齐，不能忽左忽右。落款要在左侧恰当的位置，一般落单行长款即可。

幅式参考

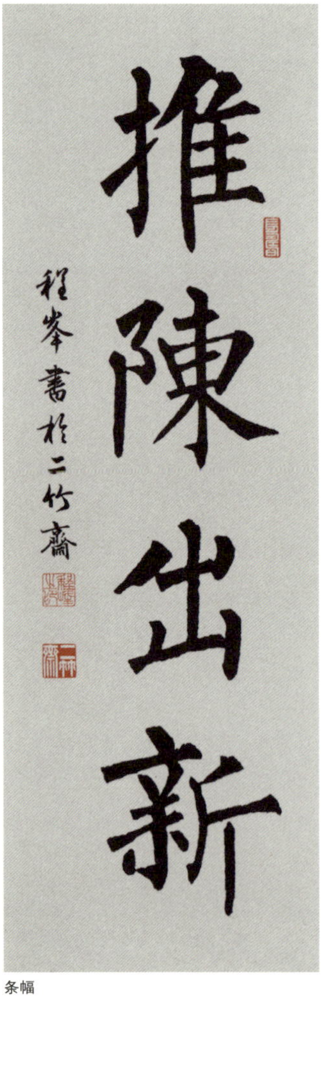

条幅

第四讲

部首——字头与字底

一、草字头与竹字头

字头往往要求中心对齐，重心平稳，与下面部件有覆盖、承接等关系，使上下融为一体。草字头的两个“十”相互对称呼应，且有变化；竹字头的两个“个”同样形态有变化，左右有相互对称、相互呼应之感。

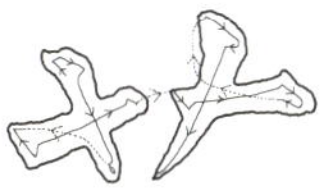

草字头：两个十字不一样，虚实得当有呼应。
竹字头：两个个字形各异，下边两点有变化。

二、宝盖头与穴字头

宝盖头的首点一般写成竖点，往往位于整个宝盖头的中间，左竖点、横钩舒展呈覆盖之势；穴字头的三个点画变化丰富，内部撇与点（“点”多为“竖弯折”），呈相背之势，整体左右对称呼应。

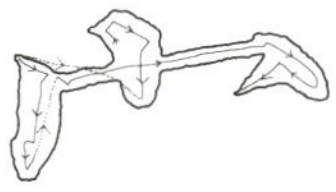

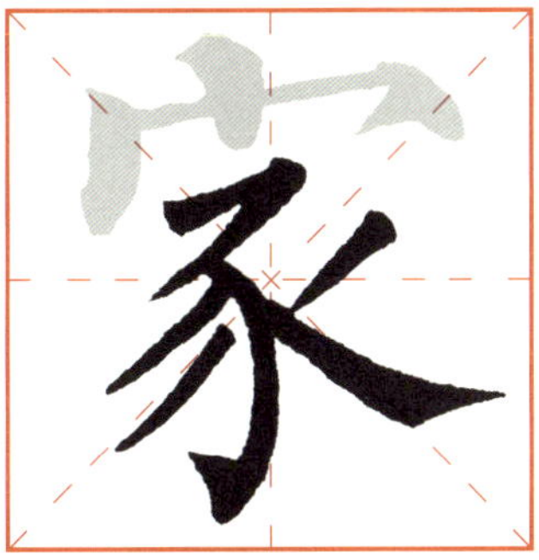

宝盖头：首点居中左竖点，横钩拉长覆盖势。
穴字头：啄撇竖弯相协调，收笔处于一横线。

三、人字头与日字头

人字头撇捺的夹角大小适中，撇尾略低于捺脚，呈两面包围之势，要有包容、稳定之感；日字头不宜写得太长，要与下面部件的位置对准，以使字的整体重心稳定。

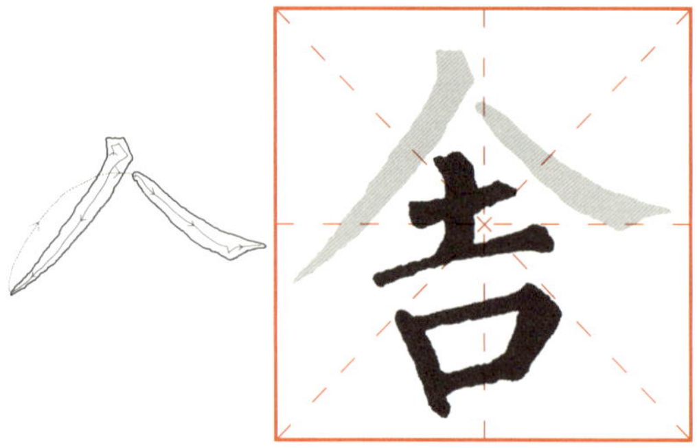

人字头：撇低捺高成三角，斜度相等较舒展。

日字头：日字不宜写太长，要给下面让出位。

四、小字头与尸字头

小字头的中竖或直、或斜，左点与啄点分列中竖的左右两侧，且较紧靠中竖、相互呼应；尸字头的“口”形较扁，竖撇长而舒展，略带弧势，整体上紧下松，给下面部件留出适当的空间。

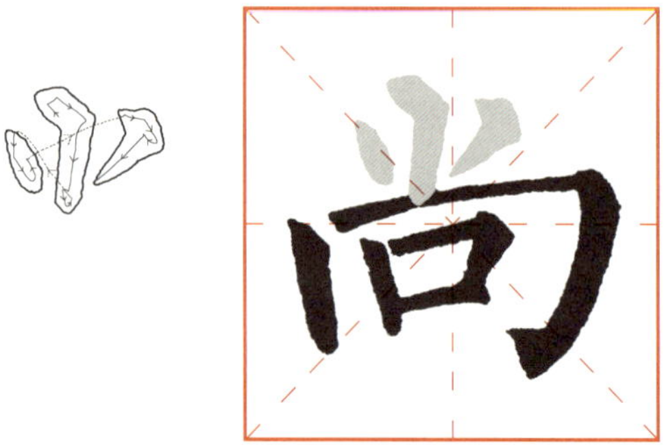

小字头：左点撇点相对称，低于竖点列两侧。

尸字头：口小撇长上部紧，构成字形成梯形。

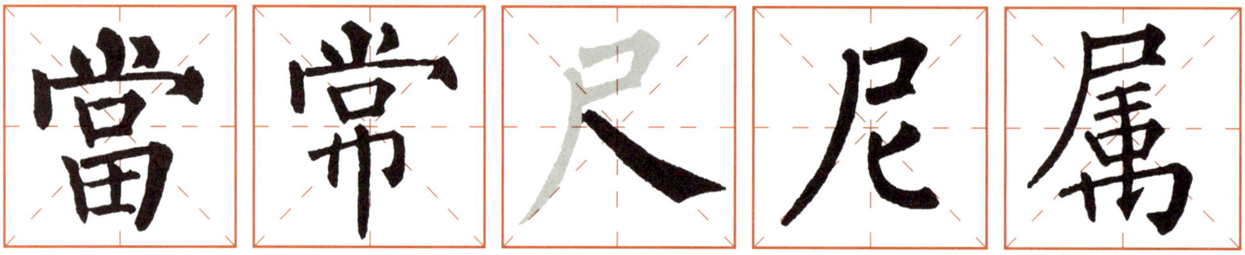

五、心字底与四点底

心字底的卧钩与点画之间要做到笔势连贯、分布匀称，卧钩的弧度要把握好；

四点底的四个点形态各异，相互呼应，若沿外框圈起来，整体形状就像一横。

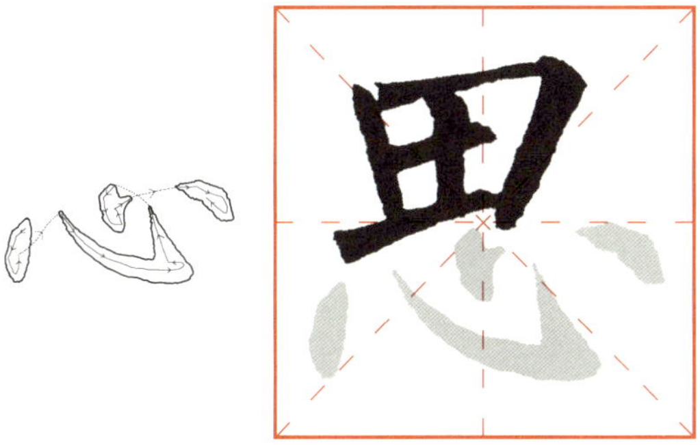

心字底：点钩之间求匀称，卧钩弧度须适中。

四点底：形断意连互呼应，把握整体求和谐。

六、走之儿与木字底

走之儿的横折折撇微有斜势，以让右边部件，平捺饱满有力，有承载之势，整个走之儿的笔画书写宜一气呵成；

木字底的撇与捺画变为两点，横画细长，斜势明显，承载上部。

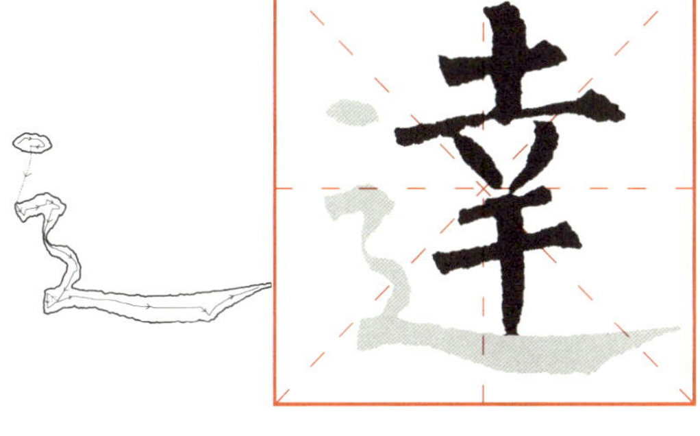

走之儿：横折折撇取斜势，平捺一波又三折。

木字底：木字横长撇捺缩，托住上面各部件。

七、拓展：崇尚天然　书理藏真

临习要点

柳书遒劲丰润，如“天”字撇捺、“尚”与“藏”的横折钩与戈钩、“书”字中竖等，都显示很强的力度。

柳书的结构匀称却不失灵动。如，“崇”、“尚”、“藏”、“真”等字，布白均匀，且斜中取正。

创作提示

张旭曰“密谓际”。所谓“际”指笔画衔接交际处既要分得清，又要合得浑；既脱得开，又粘得住。如“藏”下面“臣”部上两横与左弧竖的衔接。此方法在临习与创作时要加以留心。

幅式参考

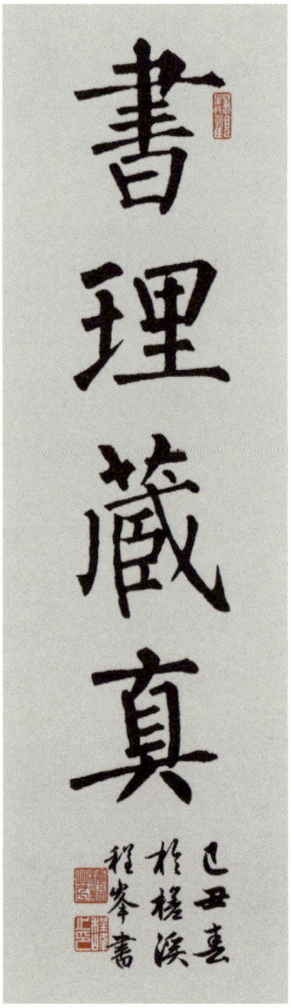

条幅

第五讲
结构——结构类型

结构类型主要是指独体字和合体字，合体字有上下结构、左右结构、包围结构等。

一、左右结构

是由左右两个部件组成，它们之间的大小、长短、宽窄、高低等关系有机地组合在一起，使整体方整均匀、主次分明、疏密得当。

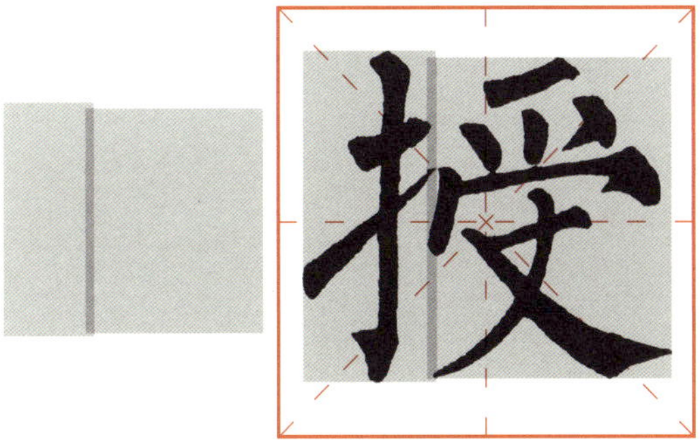

“授”：左窄右宽；
“峥”：左窄右宽，左短右长，左部略升高；
“弥”：左窄右宽，左长右短；
“辞”：左右宽窄、长短相当，左高右低；
“时”：左窄右宽；
“辅”：左右宽窄、长短、高低相当。

二、上下结构

是由上下两个部件组成，它们之间的大小、长短、宽窄等关系有机地组合在一起，使上下参差有度、疏密得当、浑然一体。

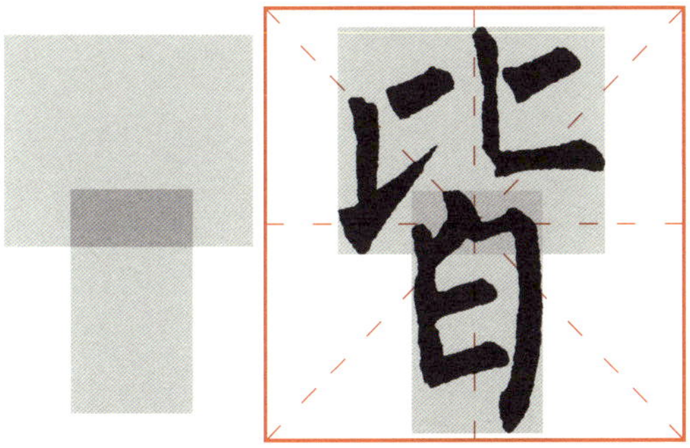

“皆”：上宽下窄，上下长短相当，相互穿插；
“盖”：下部载起上部，形如碑立座上，上窄下宽；
“家”：上扁下长，宽窄相当，位置互有错落；
“奉”：上宽下窄，上部覆盖下部；
“恩”：下部载起上部，上窄下宽；
“委”：上窄下宽，相互穿插，下部载起上部。

三、包围结构

包围结构的字，可分为半包围、三面包围、全包围结构等，半包围者所包部分要求重心平稳，三面包围、全包围结构的字不宜写得太大，要考虑高低、宽窄、斜正关系，使内外相称，避免方正呆板。

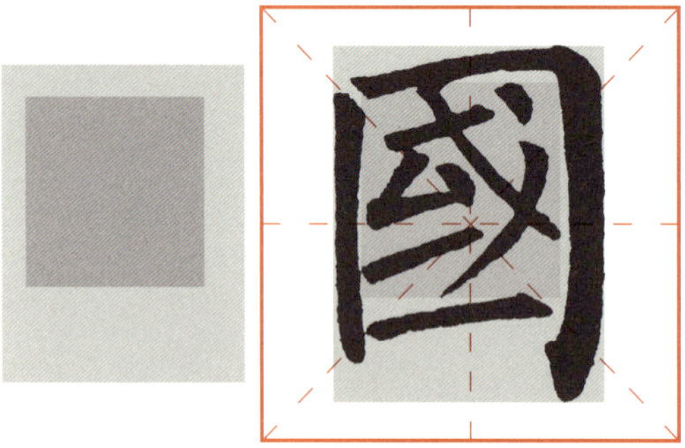

“遗”：两面包围，左下包右上；
“序”：两面包围，左上包右下；
“开”：三面包围，上包下；
“区”：三面包围，左包右；
“威”：三面包围，上包下。

四、左中右结构与上中下结构

是由上中下或者左中右三个部件组成，它们之间的高低、宽窄、长短等关系有机地组合在一起，使字的整体和谐。

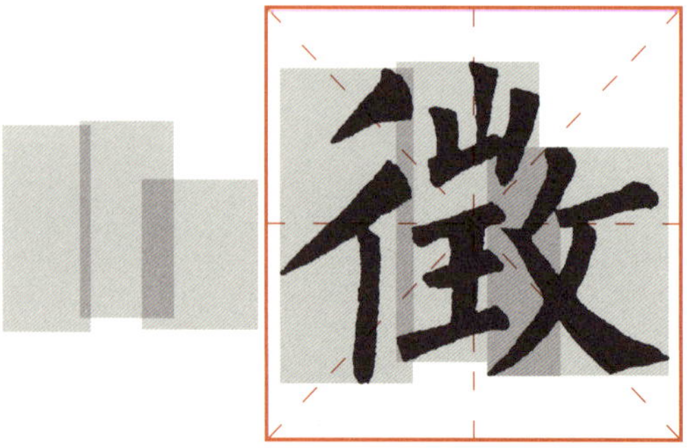

“徵”：左中窄，右部宽，左中高，右部低；
“御”：左中右宽窄相当，左中高，右部低；
“街”：中间窄，左右宽；
“察”：中间宽，上下窄；
“慧”：上略窄，中下略宽，上中下高度相当；
“宝”：上扁宽，中间略窄，下部瘦长。

五、独体字

重心稳定、横平竖直、撇细捺粗、主笔突出、点画呼应等都是独体字的构形原则，同时《玄秘塔碑》所要求的点画线条整齐平正、斩钉截铁，书写干脆利落等特点也能在独体字中充分反映出来。

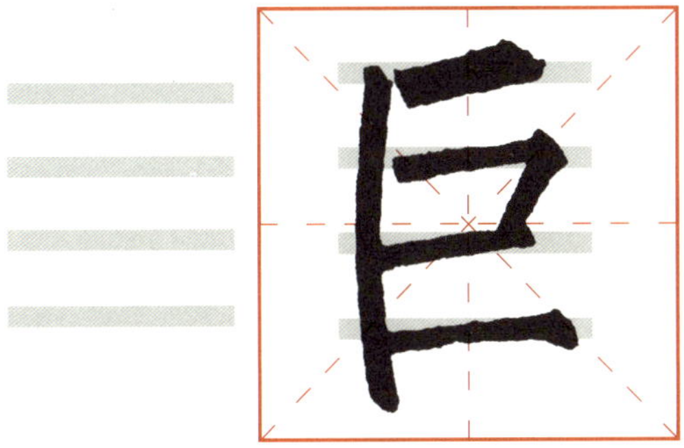

“巨”：四个横向笔画间隔匀称；
“中”：中间悬针竖主笔突出；
“大”：长横不宜写得太长，以突出撇捺的舒展；
“口”：左细右粗，左右内斜协调，整个字不宜太大；
“方”：斜中取正，重心稳定；
“也”：竖弯钩主笔突出，整体字形偏扁。

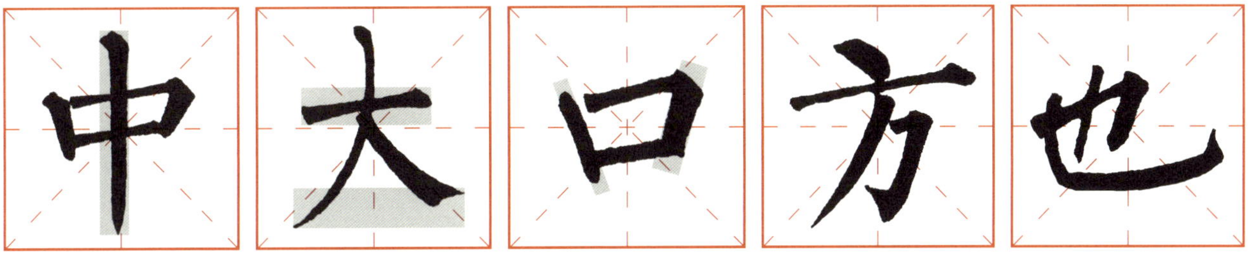

六、综合结构

综合结构的字，是由三个以上相对独立的构字单位组成的字。这类字笔画繁多，结构复杂，书写时要做好穿插、呼应、退让，要把错综复杂的结构关系处理得井然有序，合理巧妙。

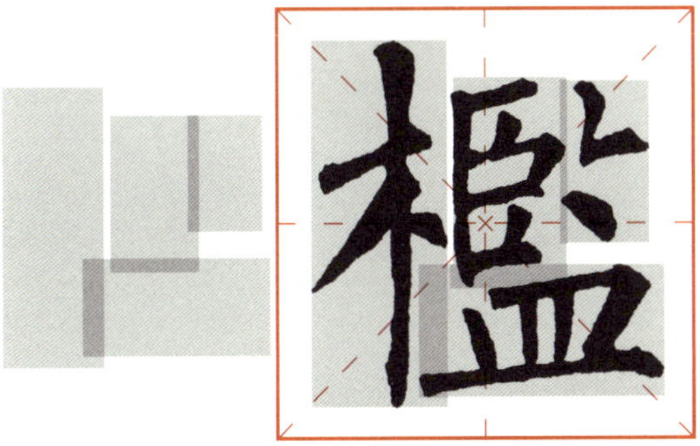

“檻”：左部瘦长，右部由三个小部件组成；
“然”：上面两个小部件较紧凑，四点底扁宽；
“宠”：上部较扁，下面笔画较多，布白匀称；
“荐”：草字头较扁，下面半包围结构，左上包右下；
“声”：上面两个小部件左右呼应、舒展，下部瘦长；
“黩”：左右共五个小部件组成，整体匀称且错落。

七、拓展：仁者寿　超然见空灵

临习要点

“仁”字左右结构，左长右短、左窄右宽，“者”、“寿”等字注意布白均匀；“见”字为独体字，竖弯钩主笔突出；“然”、“灵”等字综合结构，注意各部件的相互配合，以做到整体协调。

创作提示

五字作品的创作也可写成两行，落款可稍长一些，钤印的位置要低于第二行最后一个字，但一定要高于第一行最后一个字。作品中“灵”字下面的留白显得较为自然，有空灵之感。

幅式参考

横幅

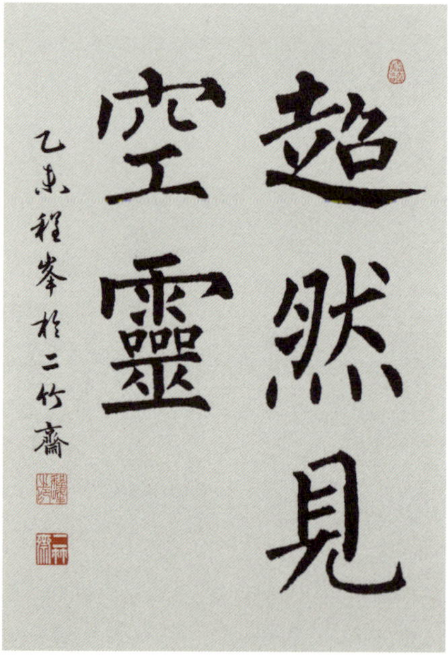

中堂

第六讲
结构——结体原则

结体原则是指汉字作为书法造型艺术的一些基本构形原则，尤其是《玄秘塔碑》的一些结体规律，如分布均匀、穿插避让、张弛有度等。

一、重心稳定

重心是指字的支撑力点，是平稳的关键。字形中正者，重心明显，或竖画居中，或左右对称；字形偏倚不对称者，要求偏中求正，多以斜笔、弯笔、折笔等作支撑，以达到字的整体平稳。

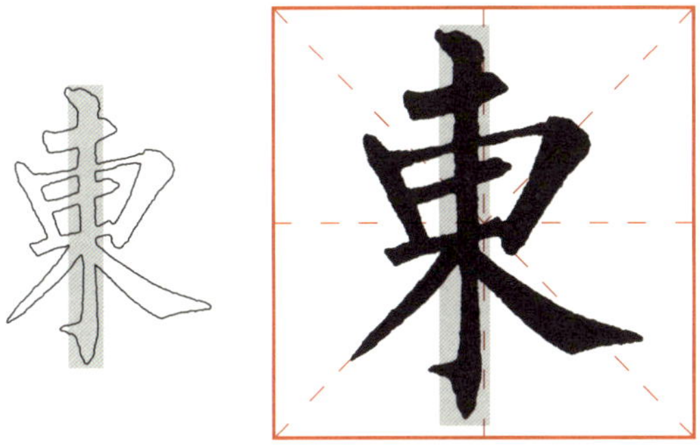

“东”：竖钩居中，左右对称；
“高”：首点、中间两竖、下口要对准；
“喜”：中竖、两个口对准，左右对称；
“方”：首点、钩对准，重心斜中取正；
“安”：撇点与横钩、右撇交叉处对准，重心斜中取正；
“勇”：点、中竖、短撇起笔、钩对准，重心斜中取正。

二、分布均匀

对字进行相对等比例的空间分割，以使点画和留空都间距相等，达到整体均衡的视觉效果。可以从点画的排列上找到规律，一般横、竖笔画间的有序排列比较明显，也有综合性的均衡安排。

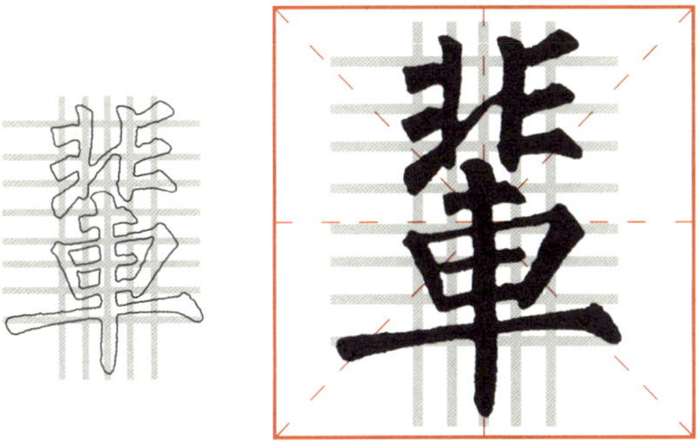

“辈”：横向纵向笔画间隔匀称；
“而”：纵向笔画间隔匀称；
“重”：横向笔画间隔匀称；
“处”：斜向笔画间隔匀称；
“佛”：横向纵向笔画间隔匀称；
“异”：横向纵向笔画间隔匀称。

三、收放有致

指一字中某些点画安排特别紧密，留空少，而相对另外一些点画特别开张疏朗，留空也多，此二者形成明显的对比，增强了字的结构张力和艺术感。

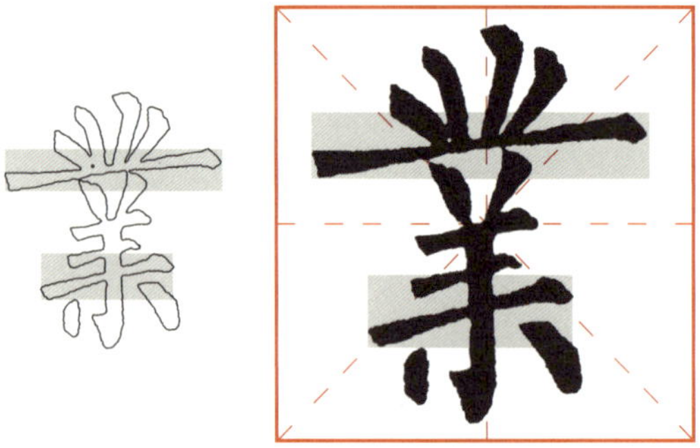

“业”：上面的长横宜放，下面的长横宜收；
“秦”：长横宜收，撇捺宜放；
“充”：上部宜收，撇与竖弯钩宜放；
“仪”：左部单人旁宜收，右部宜放；
“蔡”：中间宜放，上下宜收；
“趣”：底部平捺宜放，“取”部宜收。

四、穿插避让

字画交错的字，要注意字的各元素、笔画之间的穿宽插虚与相互避让，才能使字的整体浑然一体，相得益彰。

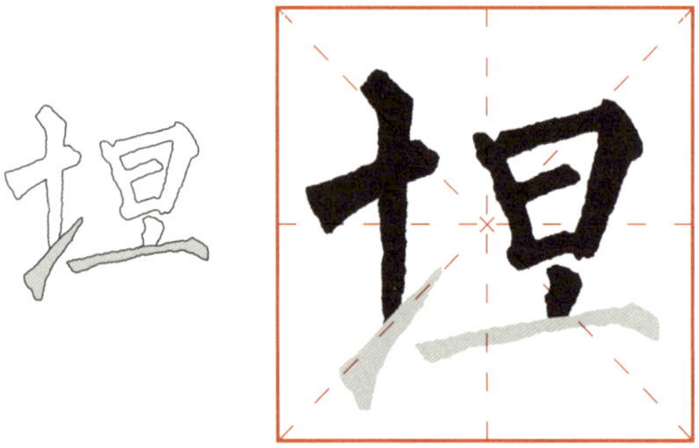

“坦”：底部的提与长横相互穿插避让；
“沙”：长撇穿插到三点水的下方；
“钟”：底部的两个长横相互穿插；
“等”：短中竖的起笔穿插到竹字头的空档处；
“塔”：提与长撇相互穿插避让；
“海”：长横穿插到三点水的空档处。

五、重复变化

同一个字中两个或两个以上笔画或部件相同，可进行大小、轻重、主次等方面的变化，以避免形态结构雷同和呆板。

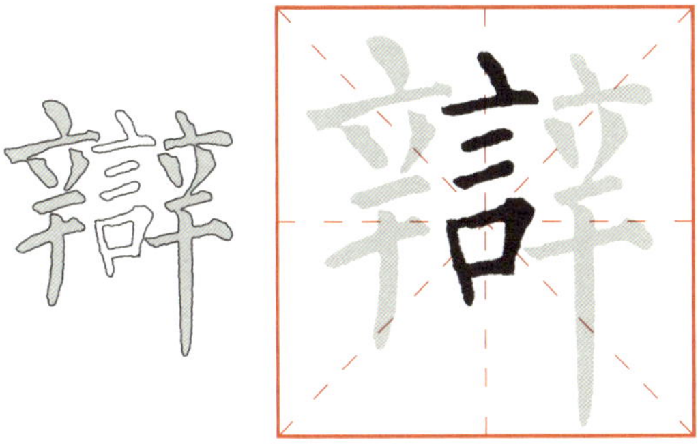

“辩”：两个“辛”部左短右长，笔画形态各有变化；
“逢”：两个“捺”画，一写成反捺，一写成平捺；
“胁”：三个“力”部连续有变化；
“器”：四个“口”部变化呼应；
“昌”：两个“日”部一大一小，一正一斜，相互呼应；
“林”：两个“木”部，变化、穿插、避让、呼应。

六、外形多样

如果将《玄秘塔碑》中字的外轮廓兜围起来，可发现其外形非常丰富，可用几何图形直观概括。临写时应充分体现出这些外形上的特征与差异，使字更为自然生动。

“是”：整体字形呈正三角形；
“令”：整体字形呈菱形；
“旨”：整体字形呈长方形；
“乐”：整体字形呈圆形；
“夕”：整体字形呈斜多边形；
“智”：整体字形呈倒梯形。

七、同字异形

两个相同的字在笔画粗细或结构形式上有所变化，使重复字避免雷同单调之感。同字异写不能随便而为，应取古代已确立的写法，做到“无一字无来历”。

兼	为	既
兼	爲	既
兼	爲	既
岁	修	向
歲	脩	嚮
歲	脩	嚮

八、拓展：诗贵真　圣人无常师

临习要点

“诗”、“贵”、“真”三字结构平中见奇，局部倾斜多变，整体是平整的，在临习时注意细节的观察；“圣”字注意三个小部件之间的穿插与避让，“无”字的四竖、四点要变化、呼应、连贯，“常”、“师”两字注意重心稳定。

创作提示

作品“圣人无常师”，是一幅五言楷书打格书写作品，创作时需追求变化，讲求整体协调。如“人”较其他字明显笔画少，要写得稍粗实些；“常”、“师”两字都带有悬针竖，要表现出曲与直、藏与露的变化，使作品整体显得灵动、和谐。

幅式参考

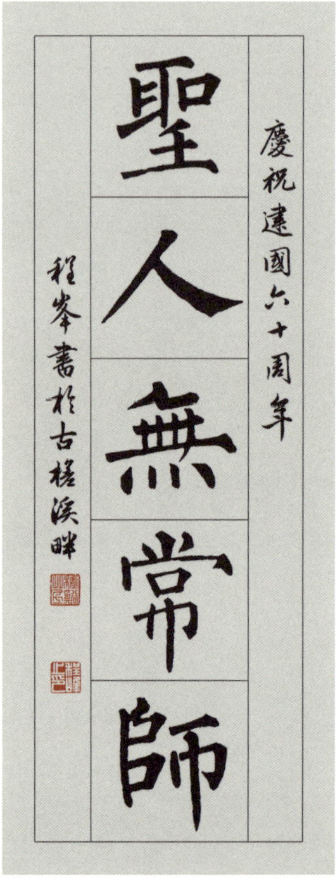

条幅

第七讲
集字创作

集字创作，是从原字帖中挑出一些单字，组成新的有意义的文词作为素材进行创作。要注意调整好字与字之间的笔势呼应、相互配合，使整体协调。

一、条幅与中堂

尺幅： 条幅的宽和高的比例通常为 1 ∶ 3 或 1 ∶ 4；中堂的宽和高的比例通常为 1 ∶ 2。

特点： 少字数的条幅作品，需表现出柳体遒劲丰润、气势雄伟的特点。“智慧”二字笔画数较多，力求表现匀称、端庄的气势；“唯善为宝”四字作品，力求做到收放有致，遒劲中蕴含秀美。

款印： 落款稍靠紧正文，并处于正文的中间偏上一点，起首的字可在正文的两个字的中间，也可在某一个字的中间位置，这样才能使作品的整体有错落有致的效果。

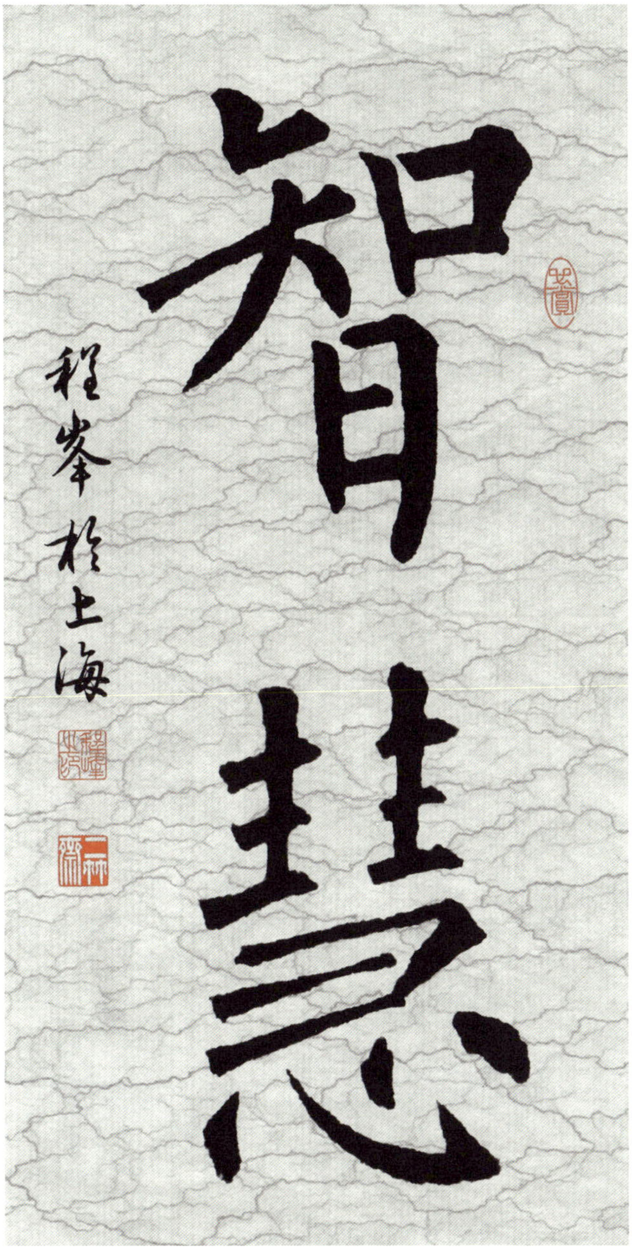

中堂

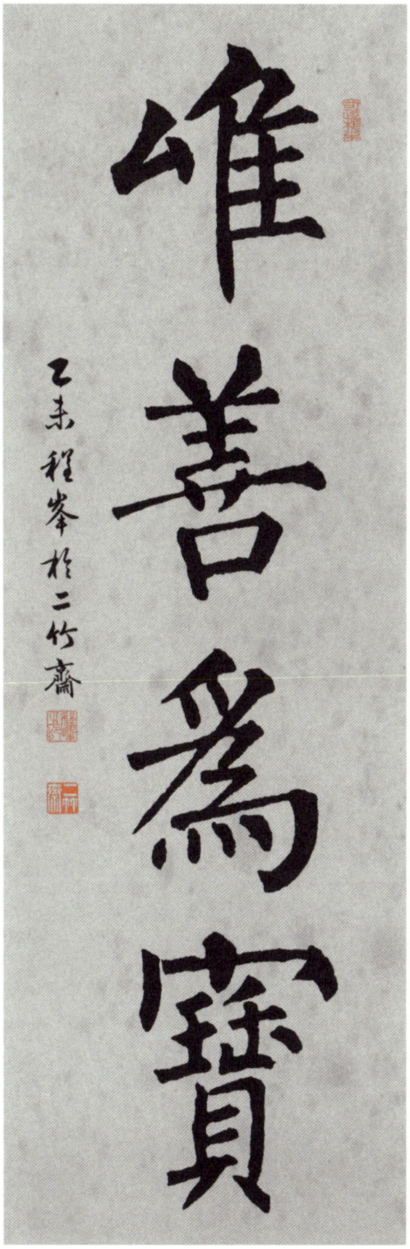

条幅

二、横幅

尺幅： 把中堂或条幅的宣纸横放即可。

特点： 这幅作品的四个字繁简对比较大，书写时宜将字的中心对齐，以表现静中有动，稳中求胜，给人以一种平和端庄的感觉。

款印： 落款宜用穷款，作品的右上方可打一枚引首章，落款之后须打一枚姓名章或加一枚闲章。印章在书法作品中主要起点缀作用，所以一幅作品的印章也不能过多，一般是一至三方为宜。

横幅

二、斗方

尺幅： 宽和高的比例为 1 ∶ 1，可以是四尺宣纸横对开、三尺宣纸横对开、四尺宣纸开八。常见尺寸有 69×69cm、50×50cm、35×35cm 等。

特点： 斗方这一形制比较难处理，它容易整齐严肃有余，而生动活泼不足，用唐楷来书写更是如此。所以要在字的大小、粗细、长短等方面加以变化处理，使整幅作品静中见动、生趣盎然。

款印： 落款不宜太短，才能使整幅作品显得更为稳健。

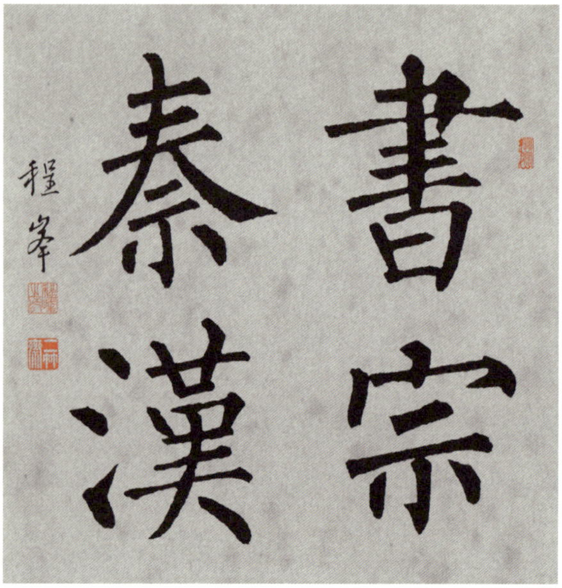

斗方

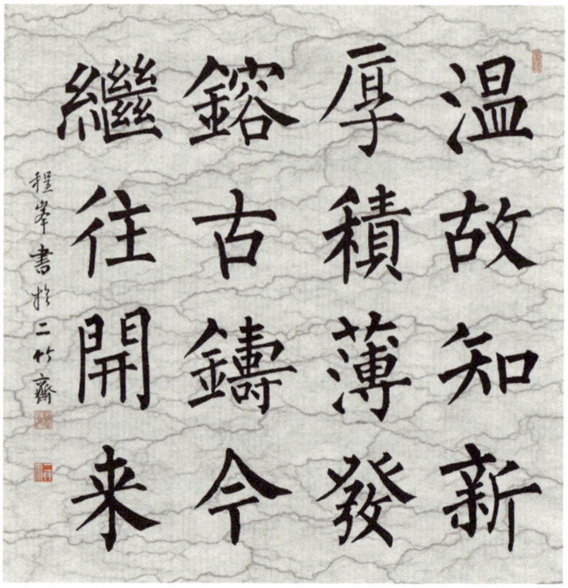

斗方

四、团扇

尺幅： 扇面有团扇、折扇之分。团扇作品，可将宣纸剪成圆形或将正方形剪成四角对称圆角即可。

特点： 团扇的形状是圆形的，书写的时候可以“因形制宜”，团扇楷书，需设计好每行字数及落款位置。

款印： 落款可用错落有致的双款，以稳定作品的重心，增加作品的变化。

团扇

团扇

五、折扇

尺幅： 扇面有团扇、折扇之分。这是一幅折扇。

特点： 由于折扇的形式是上宽下窄，如果每行的字数多并写满必然会造成上松下紧的局面，因此可以采用一行字多，一行字少的方法来避免这种状况，例如“3—1”式、“3—2”式、“4—1”式等，但多字行的最后一字还得与扇面的底部保持一定的距离。

款印： 落款字可比正文略小一些，落款的长短根据需要与正文的最后一行形成错落，使得整幅作品协调而富有变化。

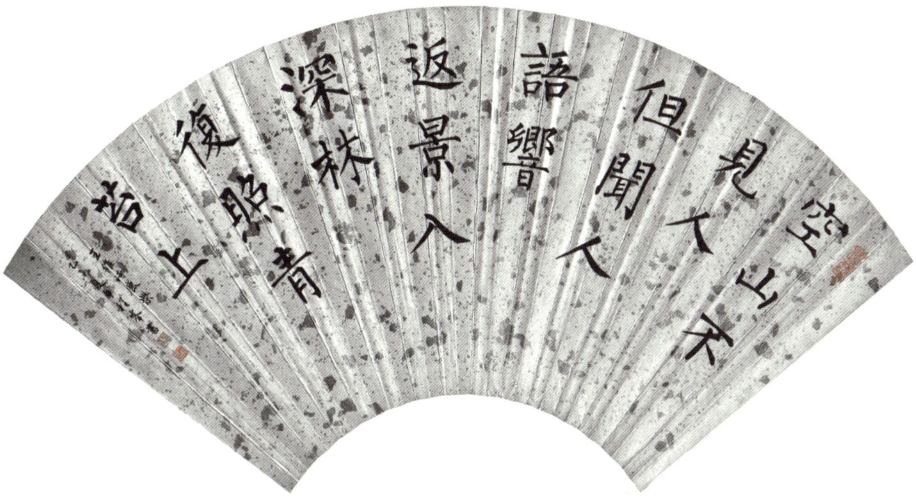

斗方

六、对联

尺幅： 三尺或四尺宣纸直对开，或现成的瓦当对联宣纸。

特点： 因为上下联分别写在大小相同的两张纸上，又组成一个整体，因此书写时要上下联头尾对齐，字要写在纸的中心线上。一般情况下，字的上下、左右要对齐，可以通过加强字本身的大小、粗细变化来制造效果。

款印： 如落单款，可写在下联的左边，位置可上可下，视效果而定。如落上下款，则上款写在上联的右上方，下款写在下联的左方，要低于上款。也可以都写在下联上，视主题和效果而定。

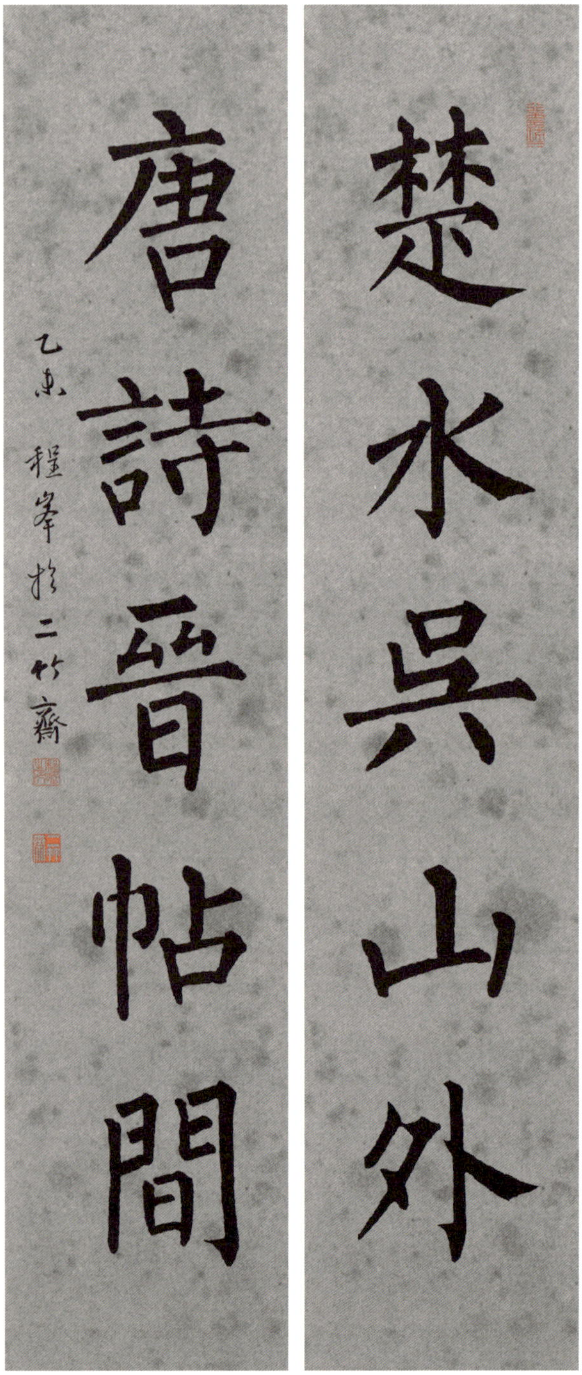

五言对联

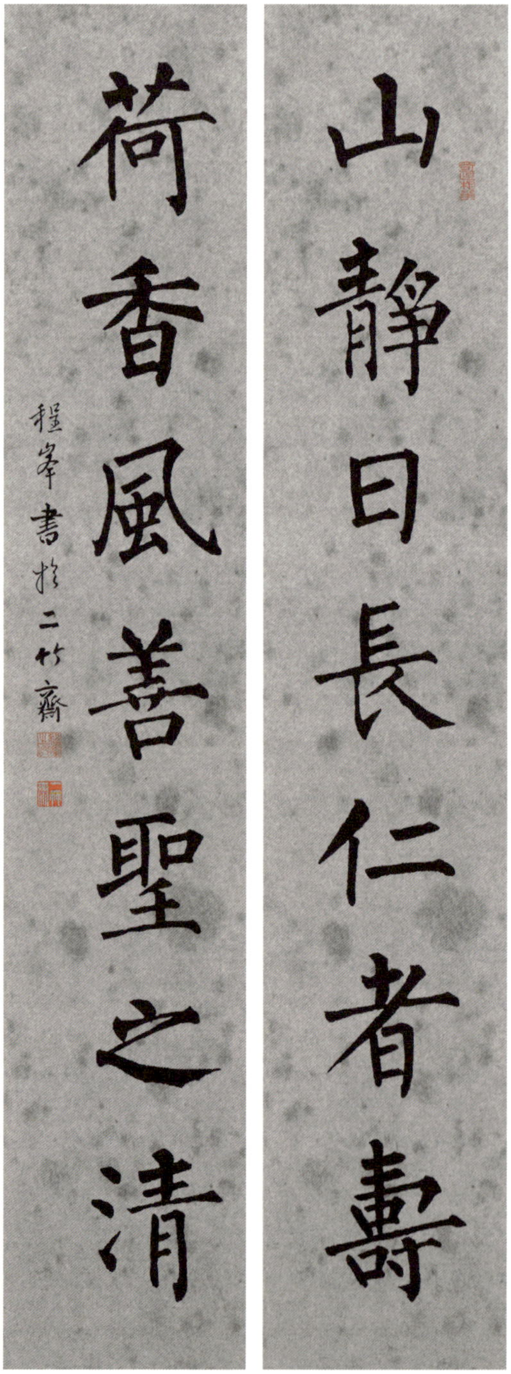

七言对联

七、较多字数集字创作参考

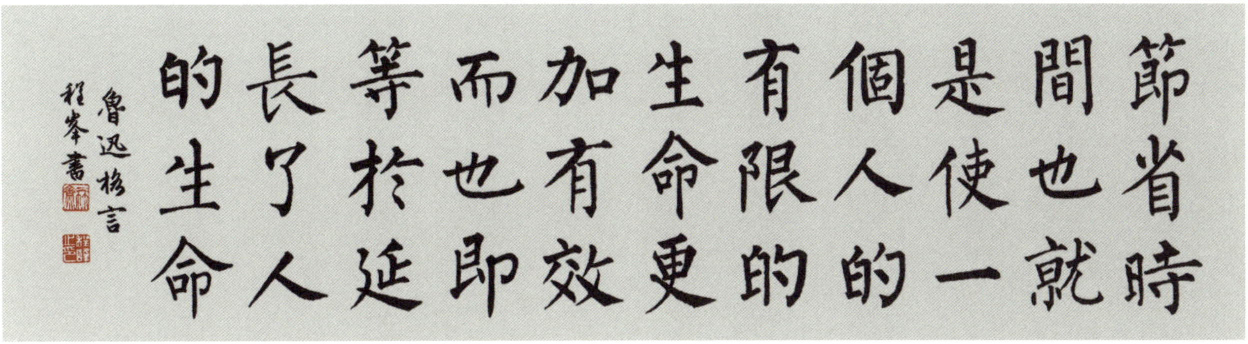

節省時間也就是使一個人的有限的生命更加有效而也即等於延長了人的生命
魯迅格言
程峯書

横幅

一個人追求的目標越高他的才力發展就越快對社會就越有益我確信這也是一箇真理
高爾基格言
程峯書

团扇

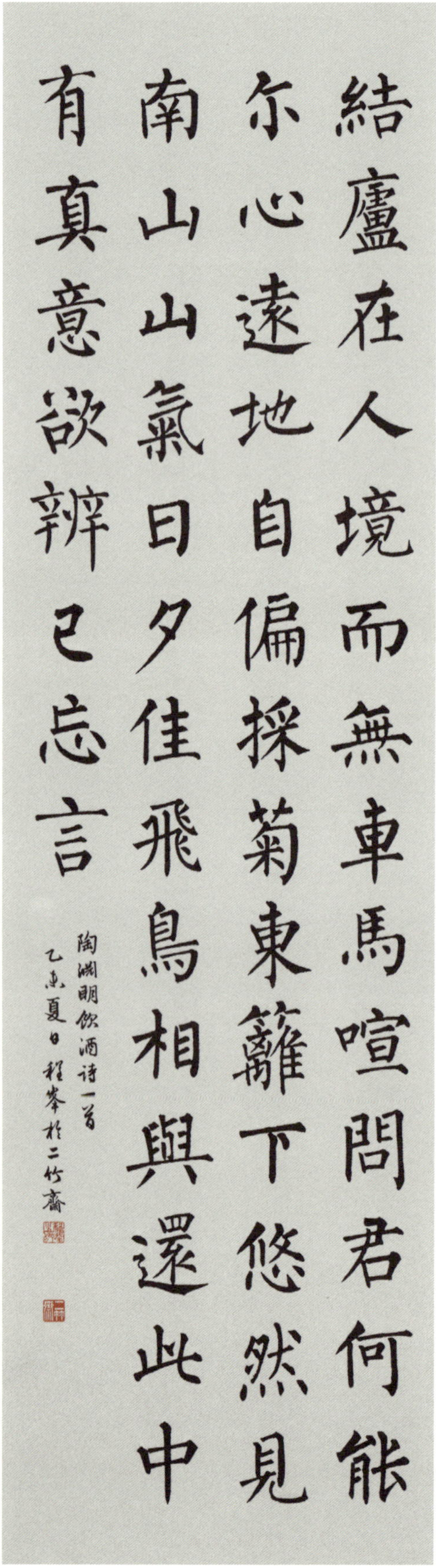
結廬在人境而無車馬喧問君何能
尔心遠地自偏採菊東籬下悠然見
南山山氣日夕佳飛鳥相與還此中
有真意欲辨已忘言
陶渊明飲酒詩一首
乙未夏日程峯於二竹齋
条幅

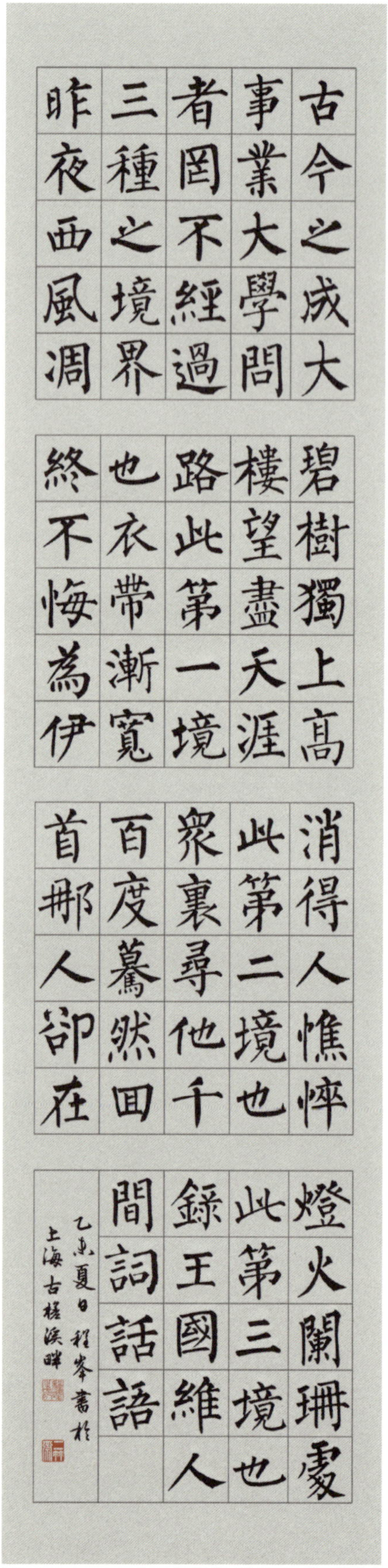
古今之成大事業大學問者罔不經過三種之境界昨夜西風凋
碧樹獨上高樓望盡天涯路此第一境也衣帶漸寬終不悔為伊
消得人憔悴此第二境也衆裏尋他千百度驀然回首那人卻在
燈火闌珊處此第三境也王國維人間詞話語
乙未夏日程峯書於上海古桂溪畔
条幅

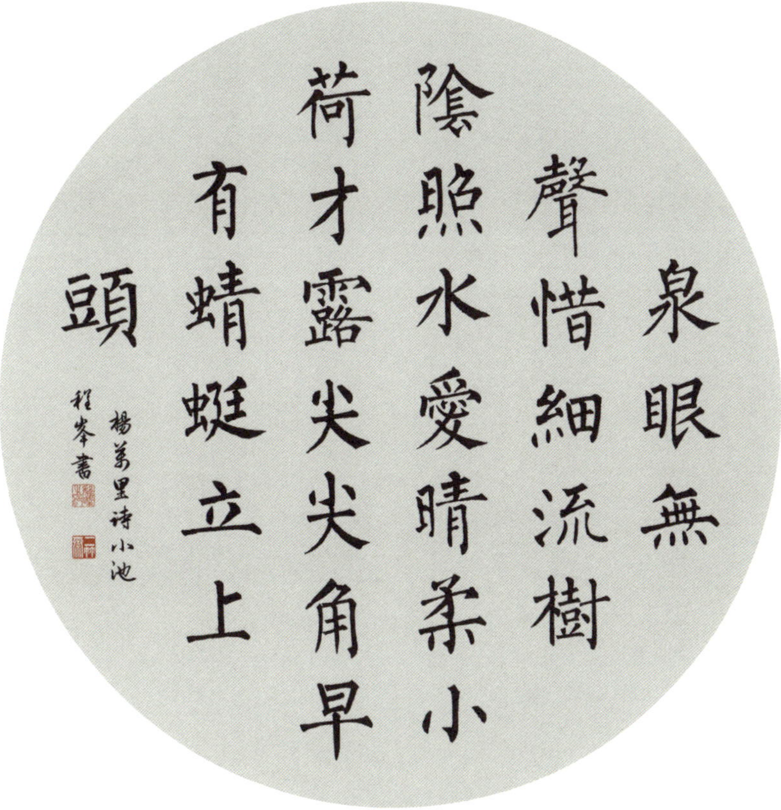
泉眼無
聲惜細流樹
陰照水愛晴柔小
荷才露尖尖角早
有蜻蜓立上
頭
楊萬里詩小池
程峯書

团扇

樹木叢生
百草豐茂
秋風蕭瑟
洪波湧起
曹操詩句
程峯

团扇

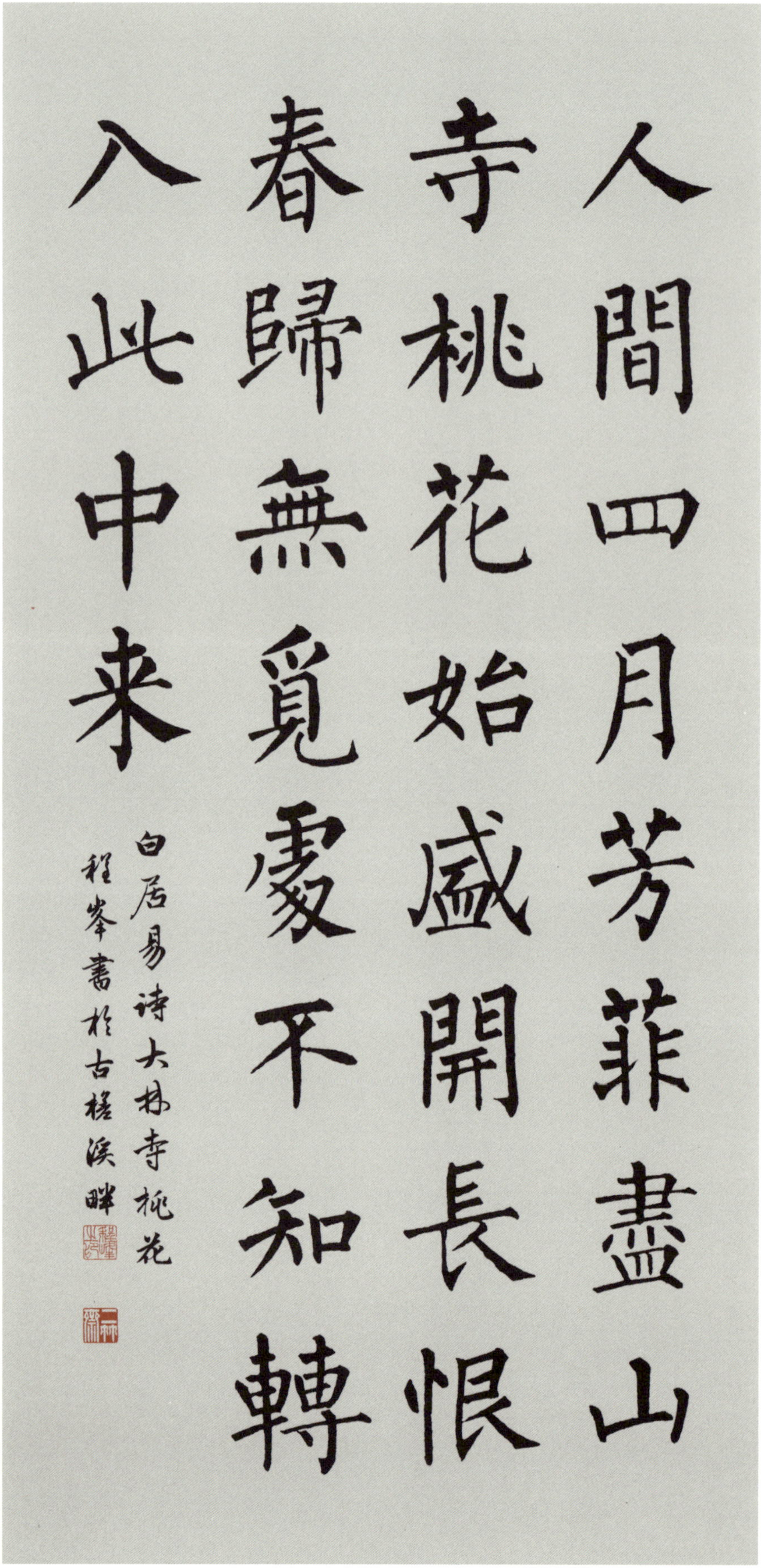
人間四月芳菲盡
山寺桃花始盛開
長恨春歸無覓處
不知轉入此中来
白居易詩大林寺桃花
程峯書於古桂溪畔

中堂

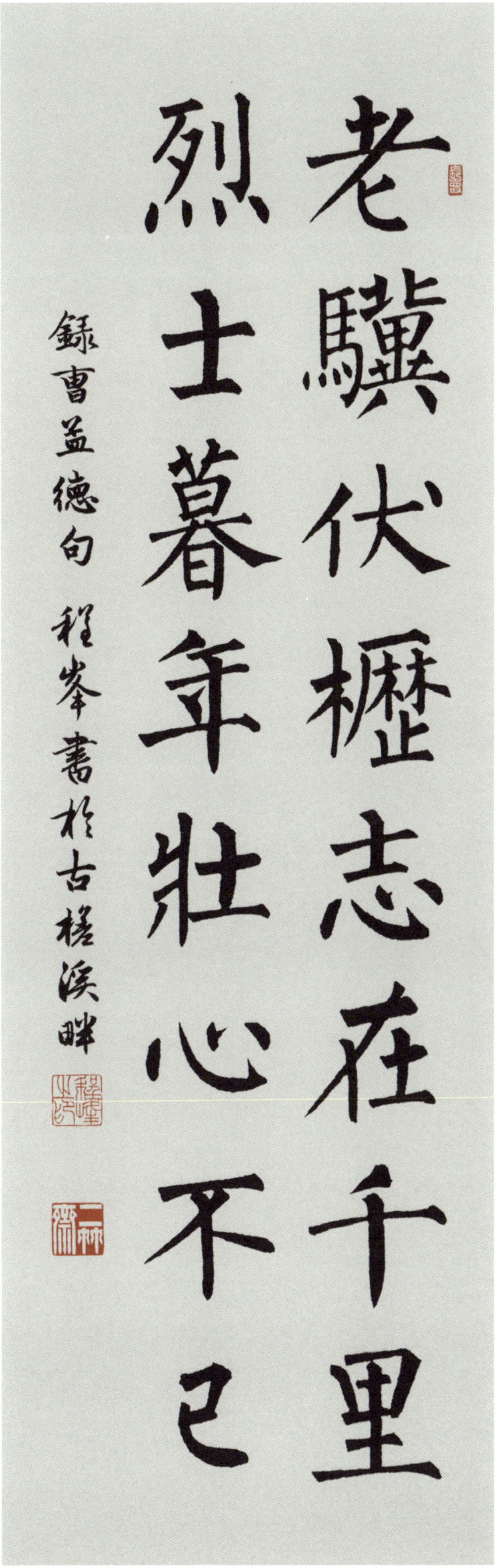
老驥伏櫪志在千里
烈士暮年壯心不已
錄曹孟德句 程峯書於古槿溪畔

条幅

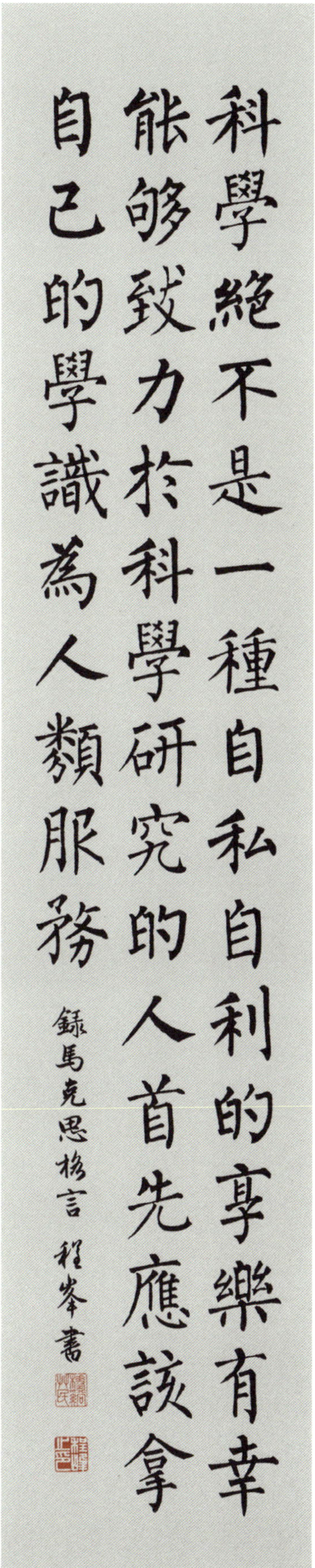
科學絶不是一種自私自利的享樂有幸
能夠致力於科學研究的人首先應該拿
自己的學識為人類服務
錄馬克思格言 程峯書

条幅

志當存高遠
上錄諸葛孔明格言
丙申夏日程峯

折扇

夫君子之行靜以脩身儉以養德非澹泊無以明志非寧靜無以致遠
敬錄諸葛亮語
丙申 程峯

团扇

人間四月芳菲盡山寺桃花始盛開長恨春歸無覓處不知轉入此中来

白居易诗大林寺桃花

程峯書於古槎溪畔

中堂

柳公权玄秘塔碑

上海書畫出版社

《全本对照——经典碑帖临写辅导》丛书 编委会

主编

王立翔

编委

（按姓氏笔画排序）

李剑锋 吴志国

张 青 张恒烟

沈 浩 沈 菊

程 峰

《柳公权玄秘塔碑》简介

柳公权生于唐大历十三年（七七八），卒于唐咸通六年（八六五）。字诚悬，京兆华原（今陕西耀县）人。他生平留心经术，尤精于《诗》《书》《左氏春秋》《国语》《庄子》等。元和初年二十九岁时即擢进士第，至文宗时迁中书舍人，充翰林书诏学士，并经常与文宗讨论书法。柳公权初学王羲之书，又遍阅当代笔法，增损取舍，而自成一家。他曾学颜真卿的楷书，但他将颜字丰肥的笔画改变成清劲挺拔的笔画，正如苏轼所谓：『柳少师本出于颜，而能自出新意，一字百金，非虚语也。』

《玄秘塔碑》是柳公权楷书的代表作品，全称《唐故左街僧录内供奉三教谈论引驾大德安国寺上座赐紫大达法师玄秘塔碑铭并序》。裴休撰，柳公权书并篆额。邵建和、邵建初镌字。唐会昌元年（八四一）十二月立。石现在陕西西安碑林。该碑书刻二十八行，行五十四字。其书体端正俊丽，用笔干净利落，引筋入骨，寓圆厚于清刚之内，是对后世影响最大的楷书范本之一。宋米芾谓其如深山道士修已成，神气清健，无一点尘俗。清王澍《虚舟题跋》谓：『《元（玄）秘塔》故是诚悬极矜练之作。』

该碑书法是楷书学习的最佳范本之一。

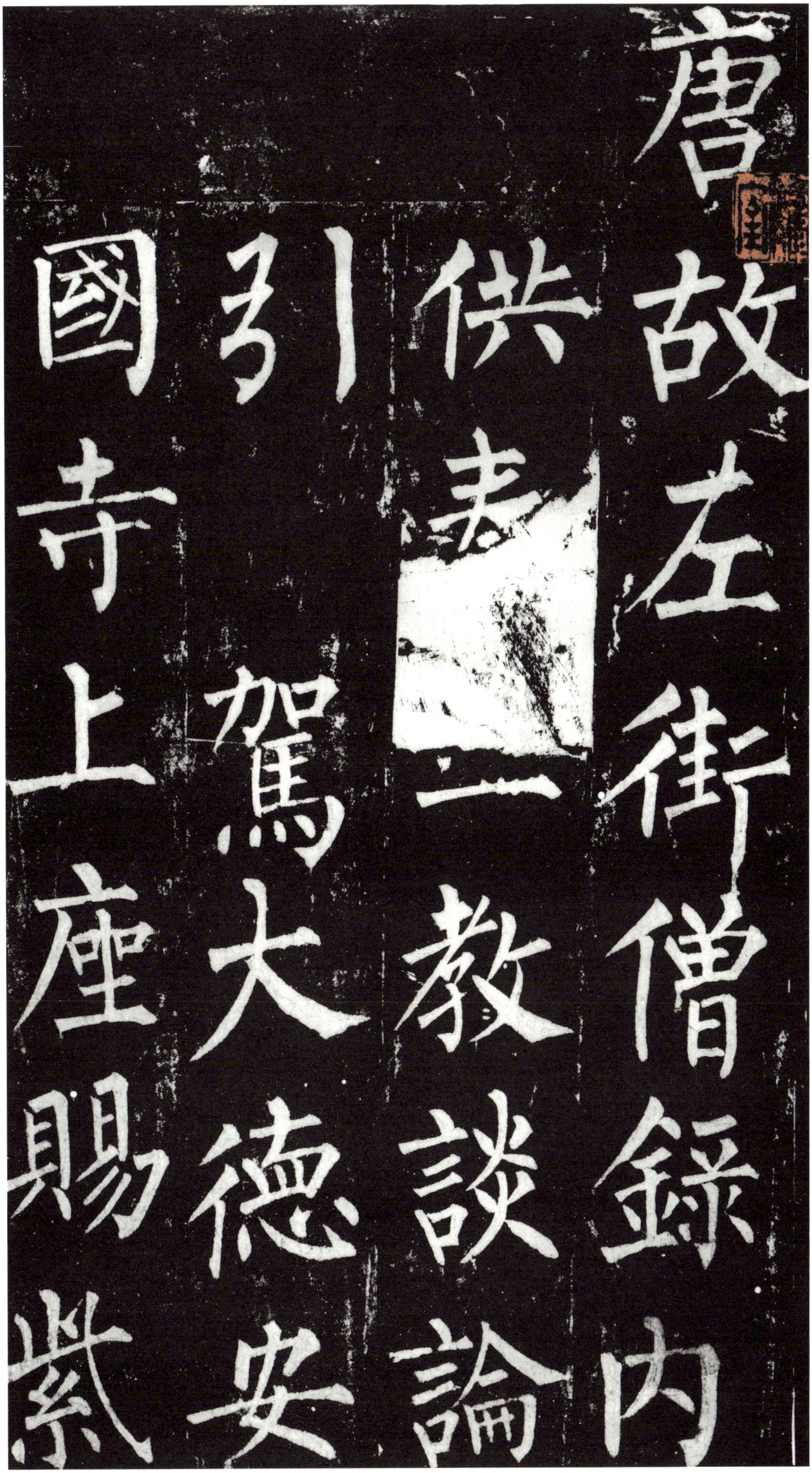
唐故左街僧錄內
供
教談論
引駕大德安
國寺上座賜紫

唐故左街僧录内　供（奉三）教谈论　引驾大德安　国寺上座赐紫

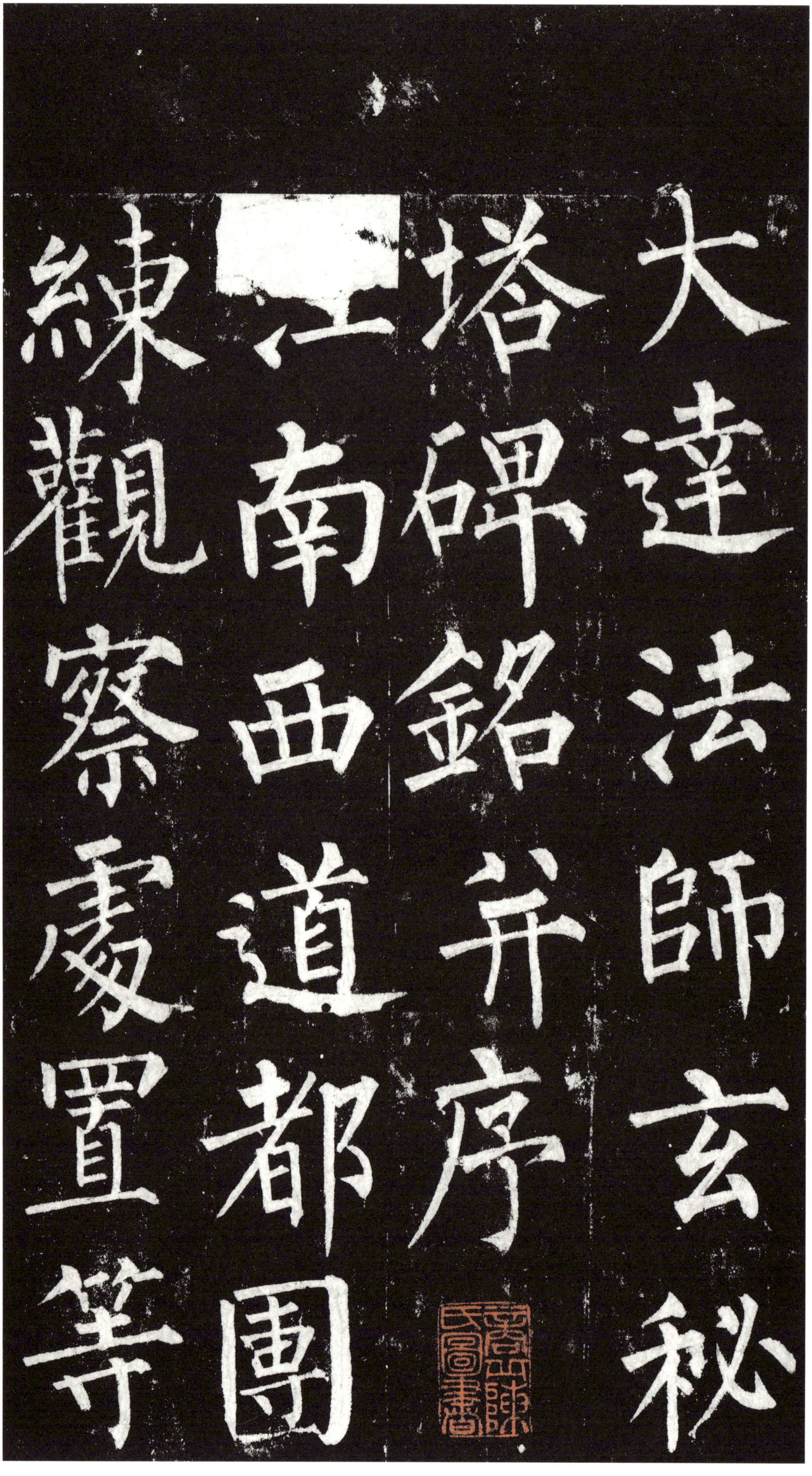

大达法师玄秘　塔碑铭并序　江南西道都团　练观察处置等

使朝散大夫兼　御史中丞上柱　国赐紫金鱼袋　裴休撰

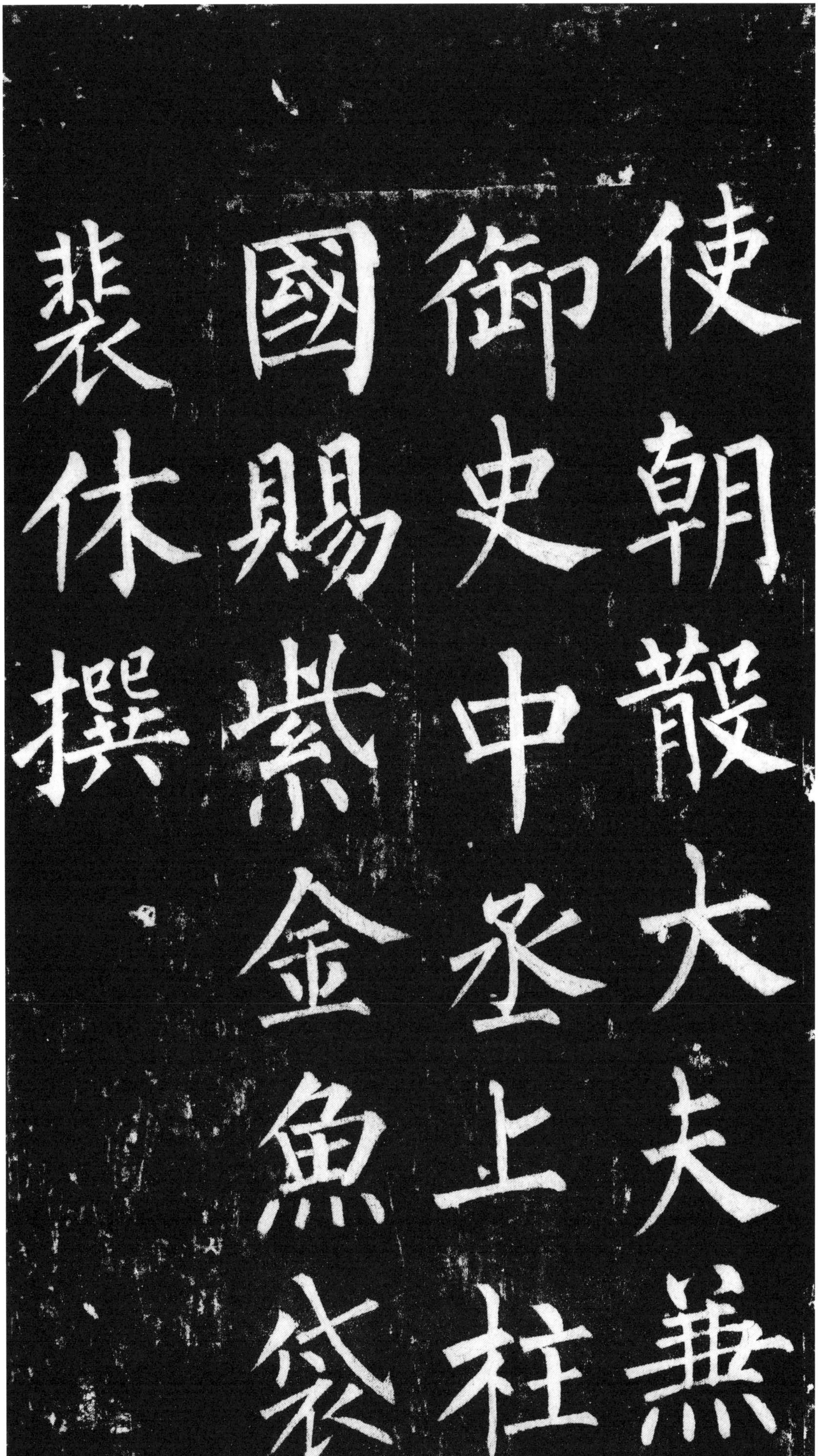
使朝散大夫兼
御史中丞上柱
國賜紫金魚袋
裴休撰

議大夫守右
散騎常侍充集
賢殿學士兼判
院事上柱國賜

（正）议大夫守右　散骑常侍充集　贤殿学士兼判　院事上柱国赐

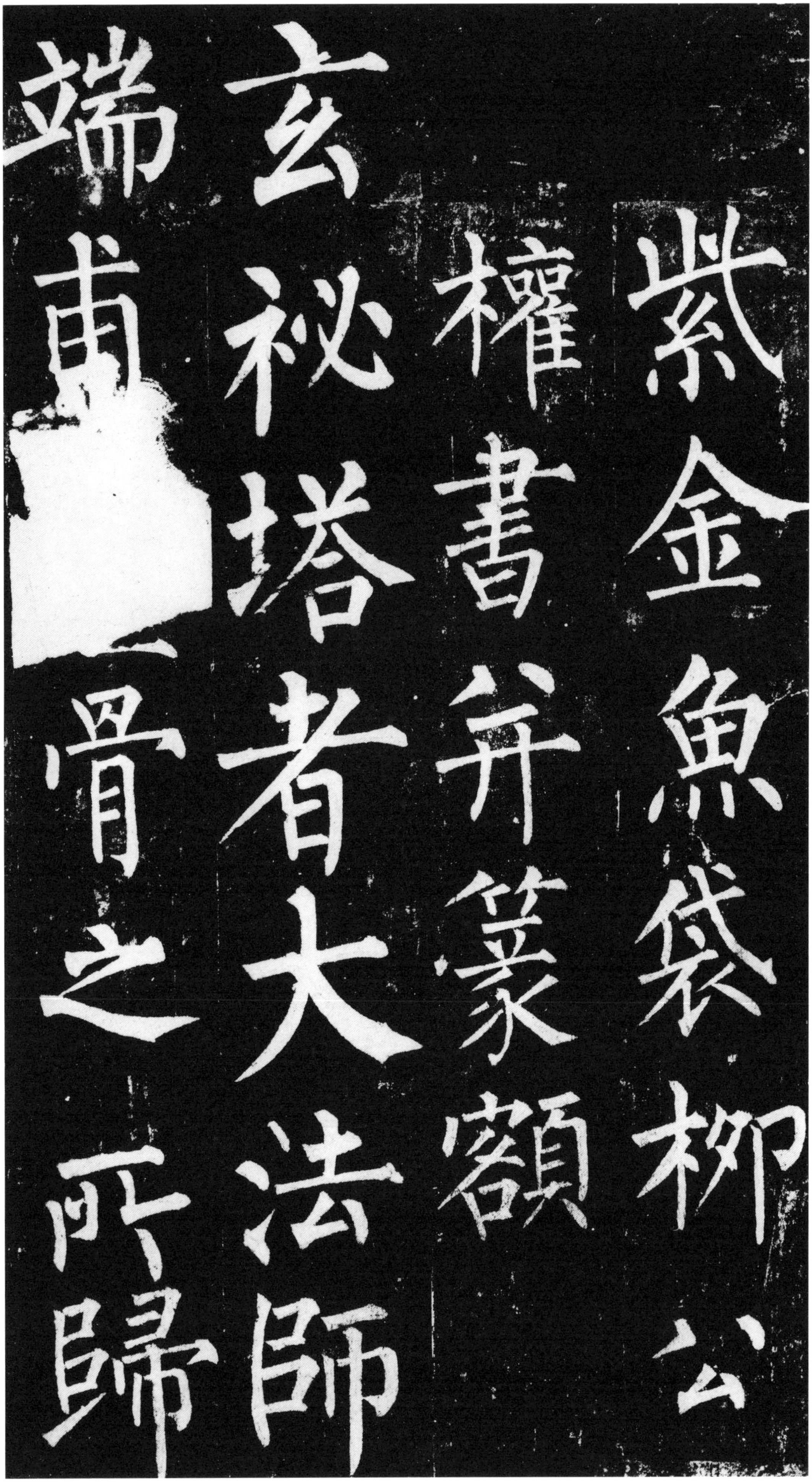
紫金魚袋柳公
權書并篆額
玄祕塔者大法師
端甫骨之所歸

紫金鱼袋柳公　权书并篆额　玄秘塔者大法师　端甫（灵）骨之所归

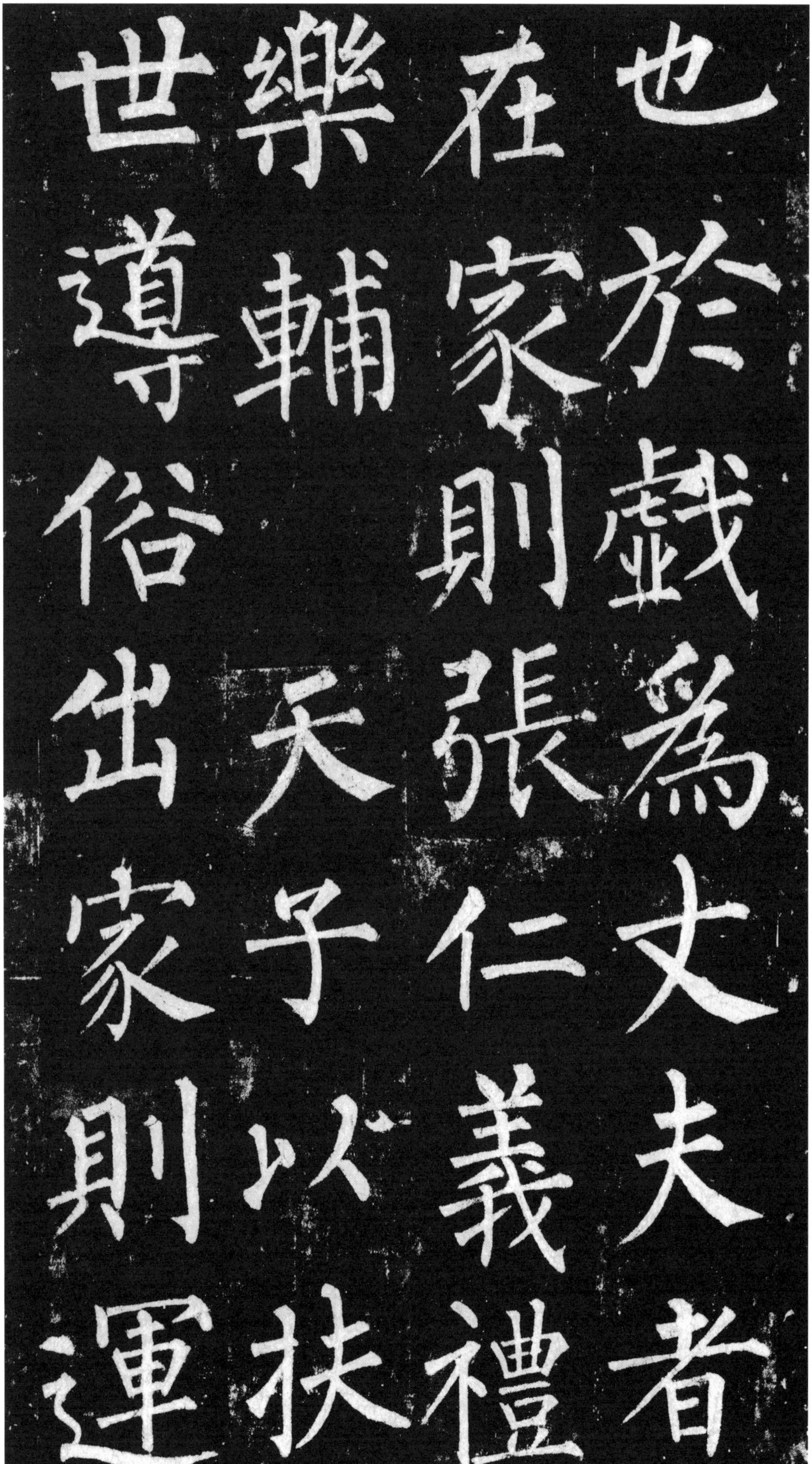
也於戲為丈夫者
在家則張仁義禮
樂輔天子以扶
世導俗出家則運

也於戏为丈夫者　在家则张仁义礼　乐辅天子以扶　世导俗出家则运

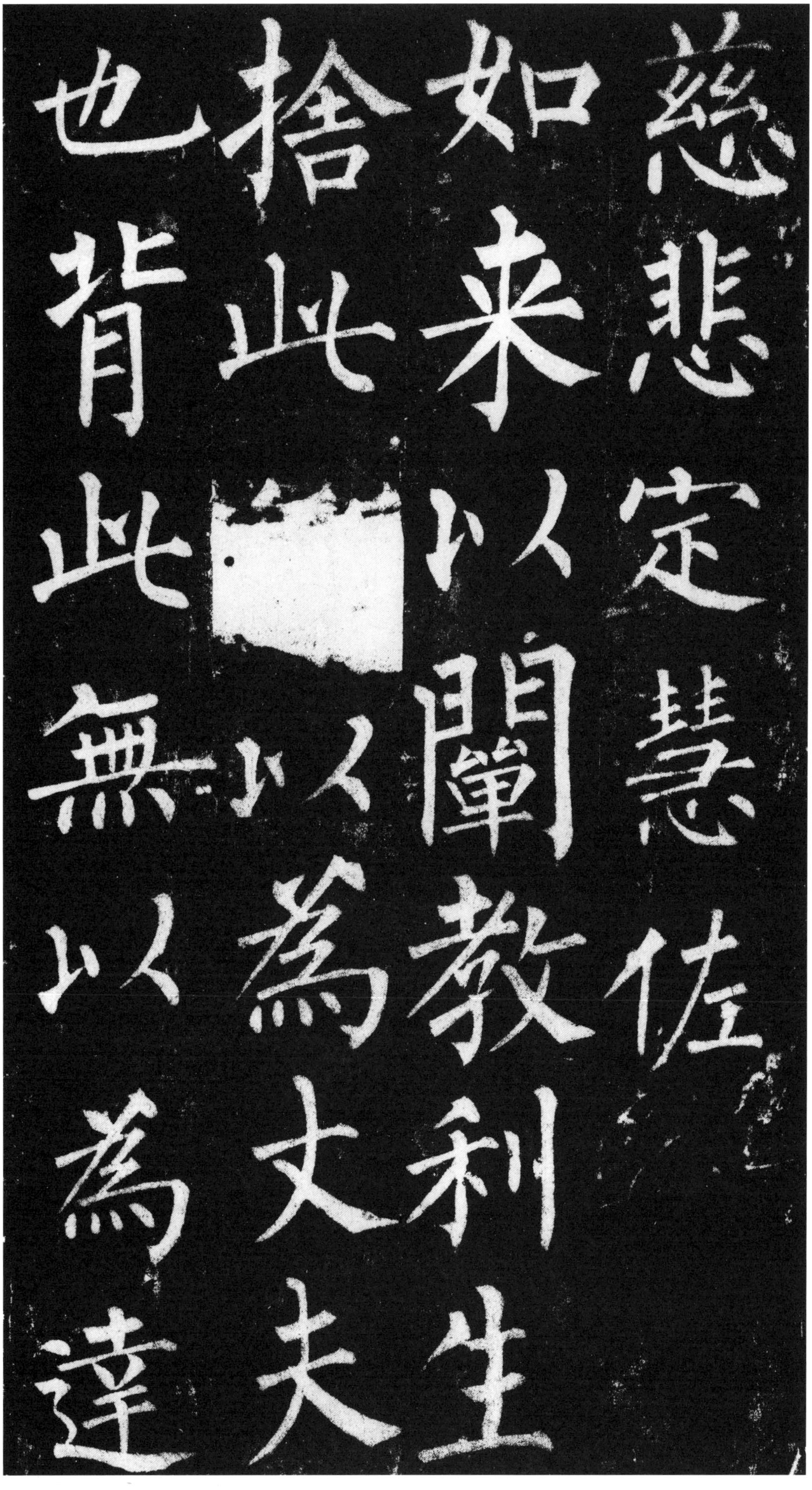

慈悲定慧佐　如来以阐教利生　舍此（无）以为丈夫　也背此无以为达

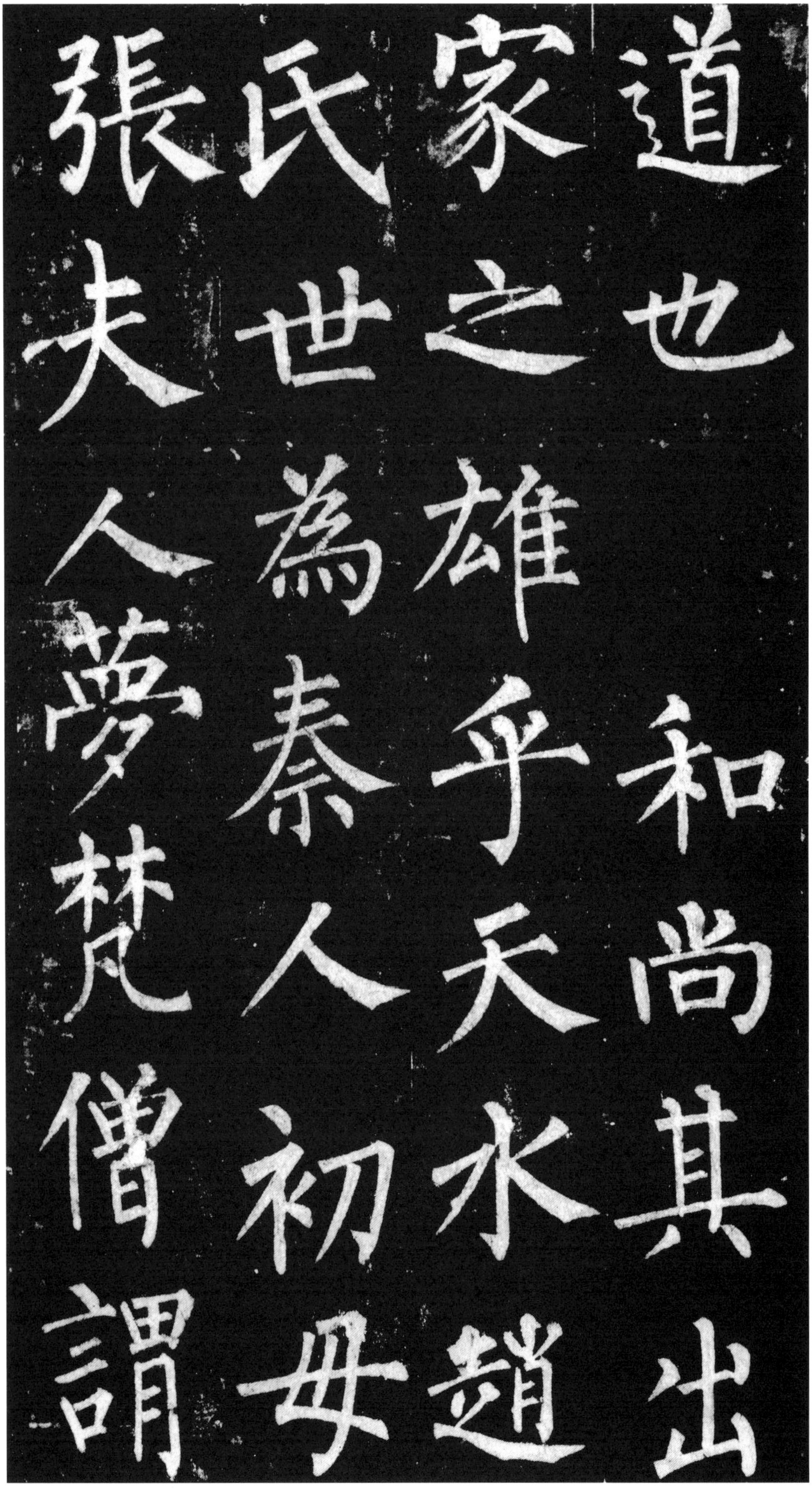

道也和尚其出　家之雄乎天水赵　氏世为秦人初母　张夫人梦梵僧谓

曰当生贵子即出　囊中舍利使吞之　（及）诞所梦僧白昼　入其室摩其顶曰

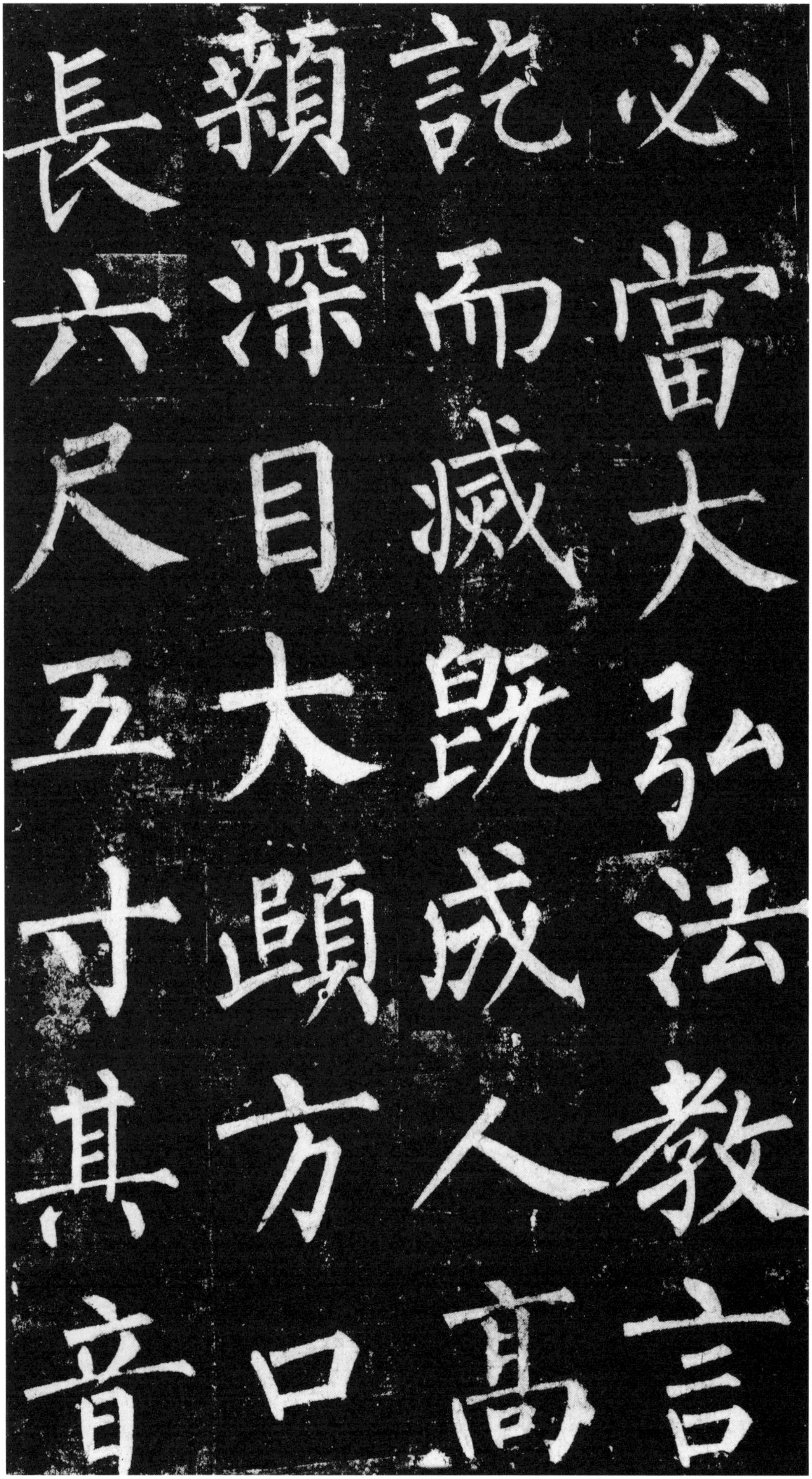

必当大弘法教言　讫而灭既成人高　颡深目大颐方口　长六尺五寸其音

如钟夫将欲荷　如来之菩提（凿生）　灵之耳目固必有　殊祥奇表欤始十

歲依崇福寺道悟
禪師爲沙彌十七
正度爲比丘隸安
國寺具威儀於西

岁依崇福寺道悟　禅师为沙弥十七　正度为比丘隶安　国寺具威仪于西

明寺照律師稟持
犯於崇昇律
師傳唯識大義於
安國寺素法師通

明寺照律师禀持　犯于崇（福寺）升律　师传唯识大义于　安国寺素法师通

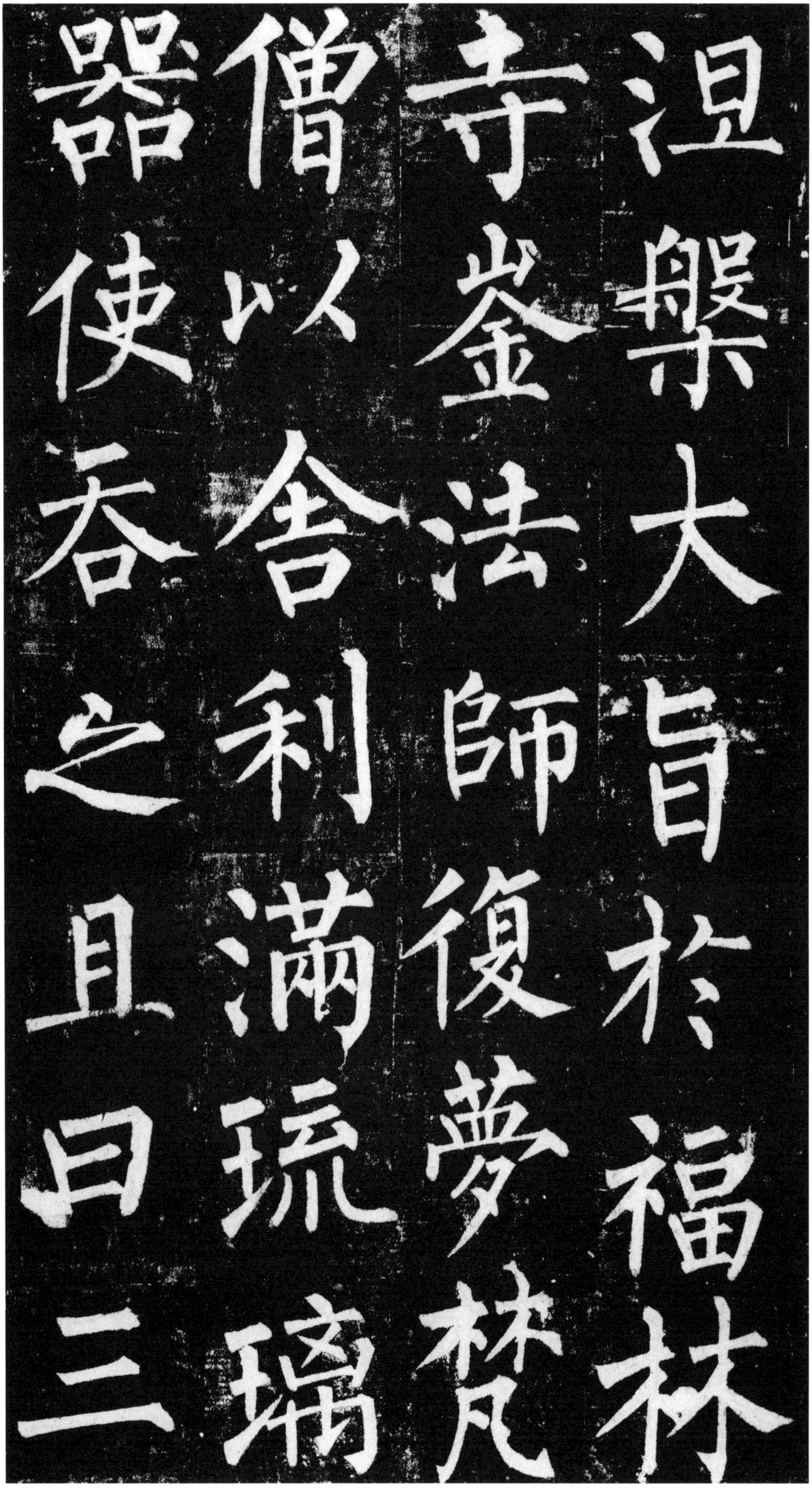

涅槃大旨于福林 寺崟法师复梦梵 僧以舍利满琉璃 器使吞之且曰三

藏大教盡貯汝腹
矣經律論無
敵於天下囊括川
注逢源會委滔滔

藏大教尽贮汝腹　矣（自是）经律论无　敌于天下囊括川　注逢源会委滔滔

然莫能济其畔岸　矣夫将欲伐株杌　于情田雨甘露于　法种者固必有勇

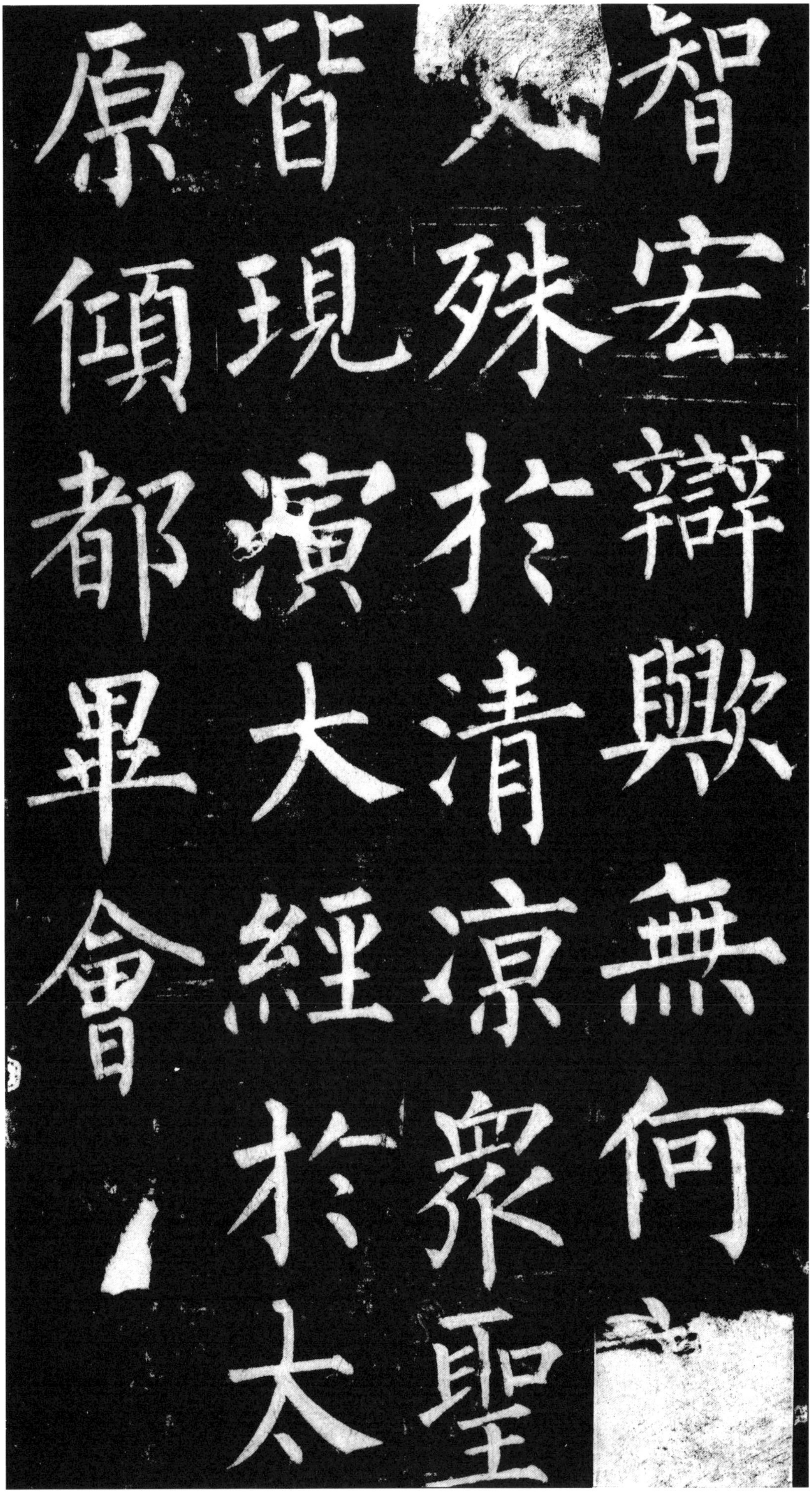

智宏辩欤无何（竭）　（文）殊于清凉众圣　皆现演大经于太　原倾都毕会

德宗皇帝聞其名
徵之一見大悅常
出入禁中與儒
道議論賜紫方袍

德宗皇帝闻其名　征之一见大悦常　出入禁中与儒　道议论赐紫方袍

岁（时锡）施异于他　等复诏侍　皇太子于东朝　顺宗皇帝深仰其

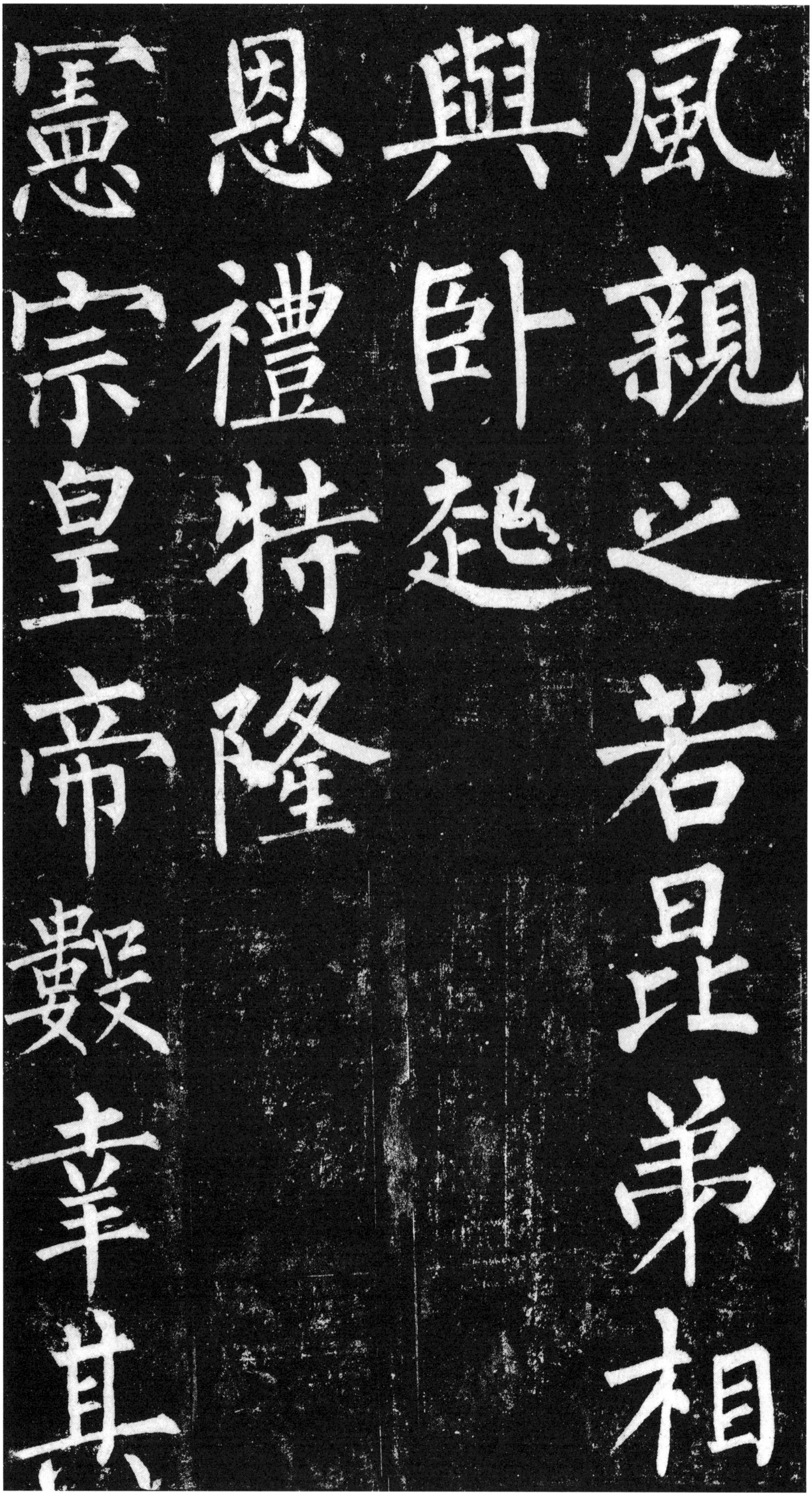

风亲之若昆弟相　与卧起　恩礼特隆　宪宗皇帝数幸其

寺待（之若）宾友常　承顾问注纳偏　厚而和尚符彩　超迈词理响捷迎

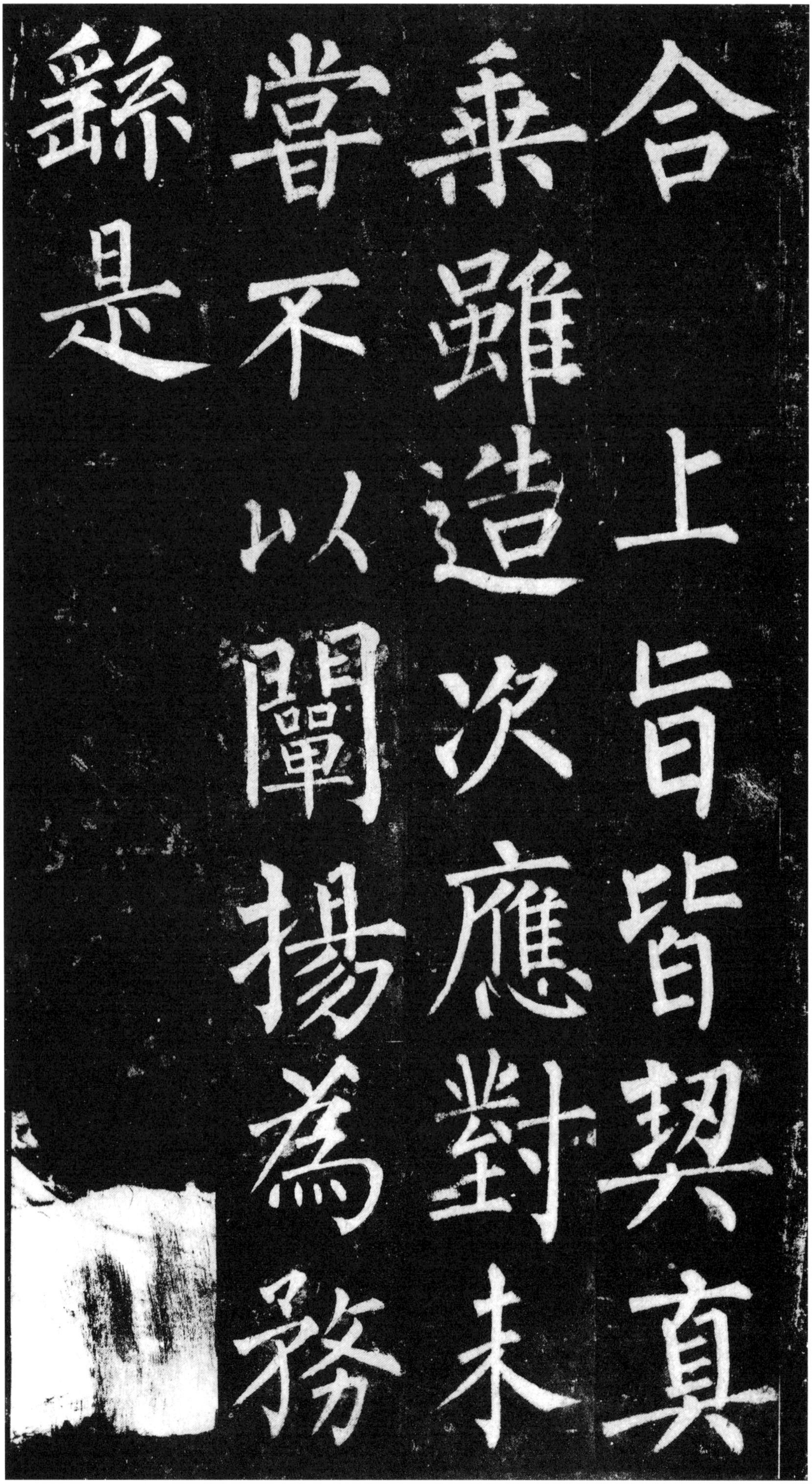

合上旨皆契真　乘虽造次应对未　尝不以阐扬为务　繇是

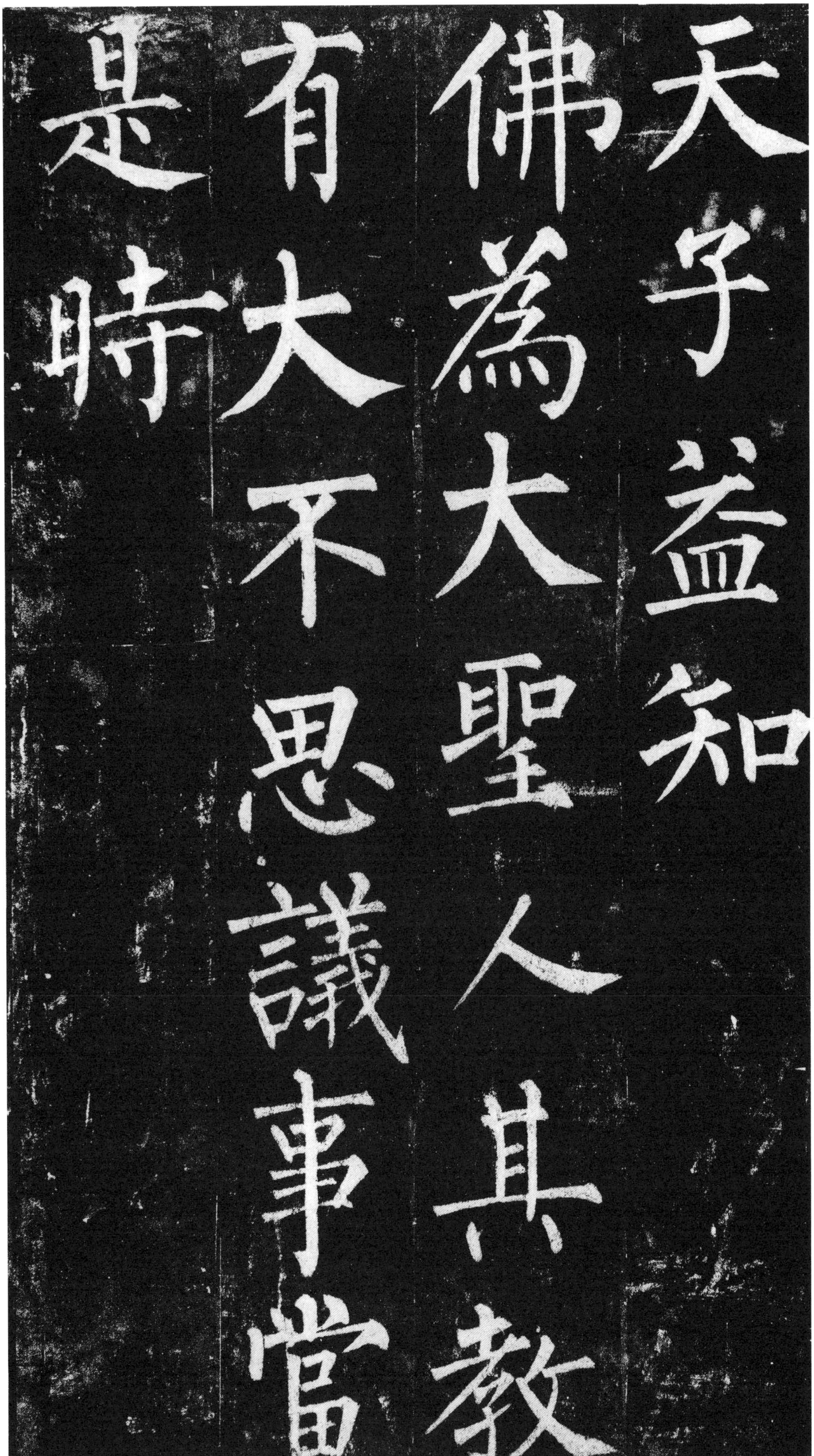
天子益知
佛為大聖人其教
有大不思議事當
是時

天子益知　佛为大圣人其教　有大不思议事当　是时

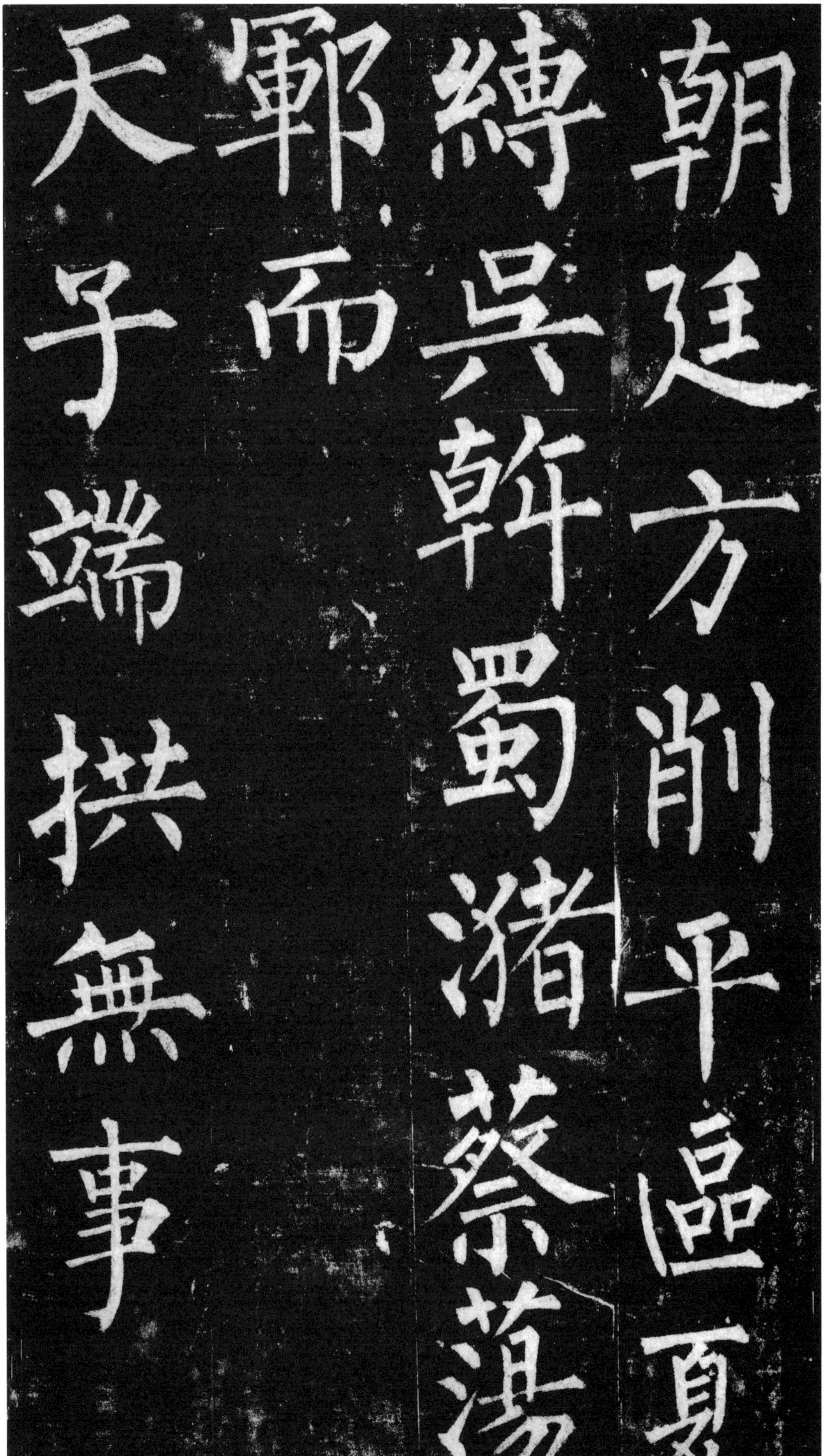

朝廷方削平区夏　缚吴斡蜀潴蔡荡　郓而　天子端拱无事

诏和（尚率）缁属迎　真骨于灵山开法　场于秘殿为人　请福亲奉香灯

既而刑不残兵不　黩赤子无愁声苍　海无惊浪盖参用　真宗以（毗大）政

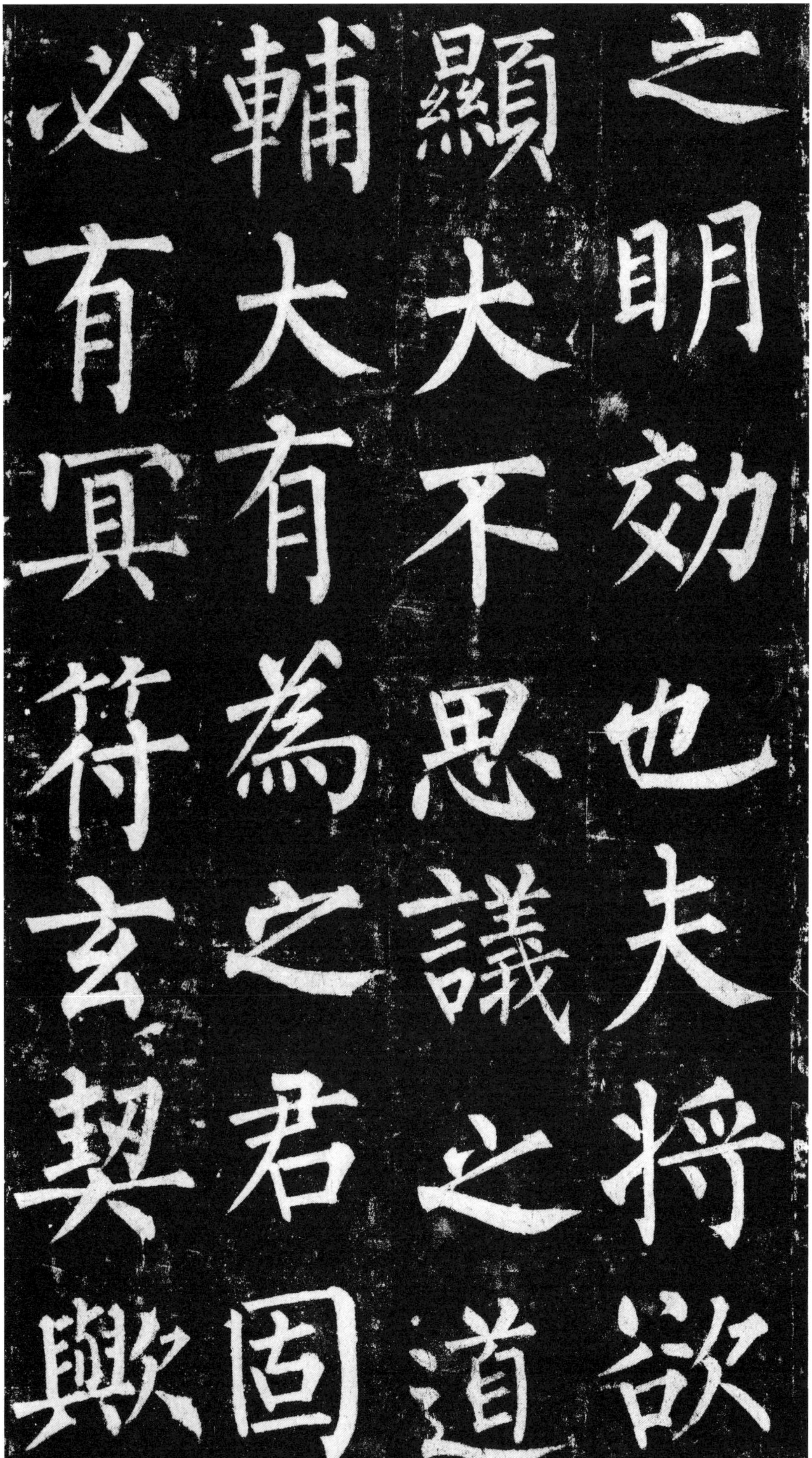

之明效也夫将欲　显大不思议之道　辅大有为之君固　必有冥符玄契欤

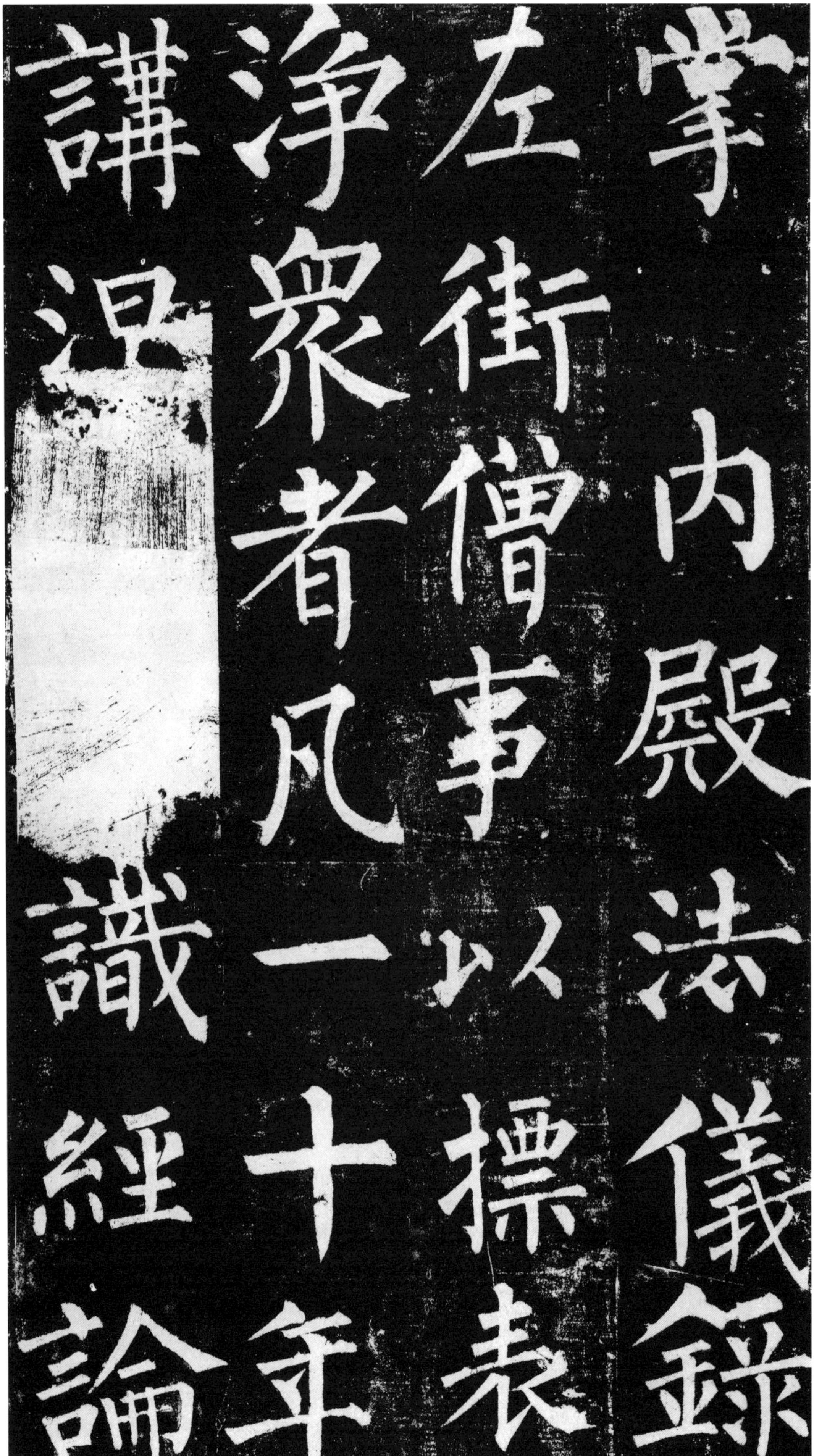

掌内殿法仪录　左街僧事以标表　净众者凡一十年　讲（涅槃唯）识经论

處當仁傳授宗主
以開誘道俗者凡
一百六十座運三
密於瑜伽契無生

处当仁传授宗主　以开诱道俗者凡　一百六十座运三　密于瑜伽契无生

于悉地日持诸部　十余万遍指净土　为息肩之地严金（经为）报法之恩前

后供施数十百万　悉以崇饰殿宇穷　极雕绘而方丈臣　床静虑自得贵臣

盛依慕豪族皆所
俠工賈莫不瞻嚮
薦金寶以致誠
端嚴而礼足日有

盛依慕豪族皆所　侠工贾莫不瞻向　荐金宝以致（诚仰）　端严而礼足日有

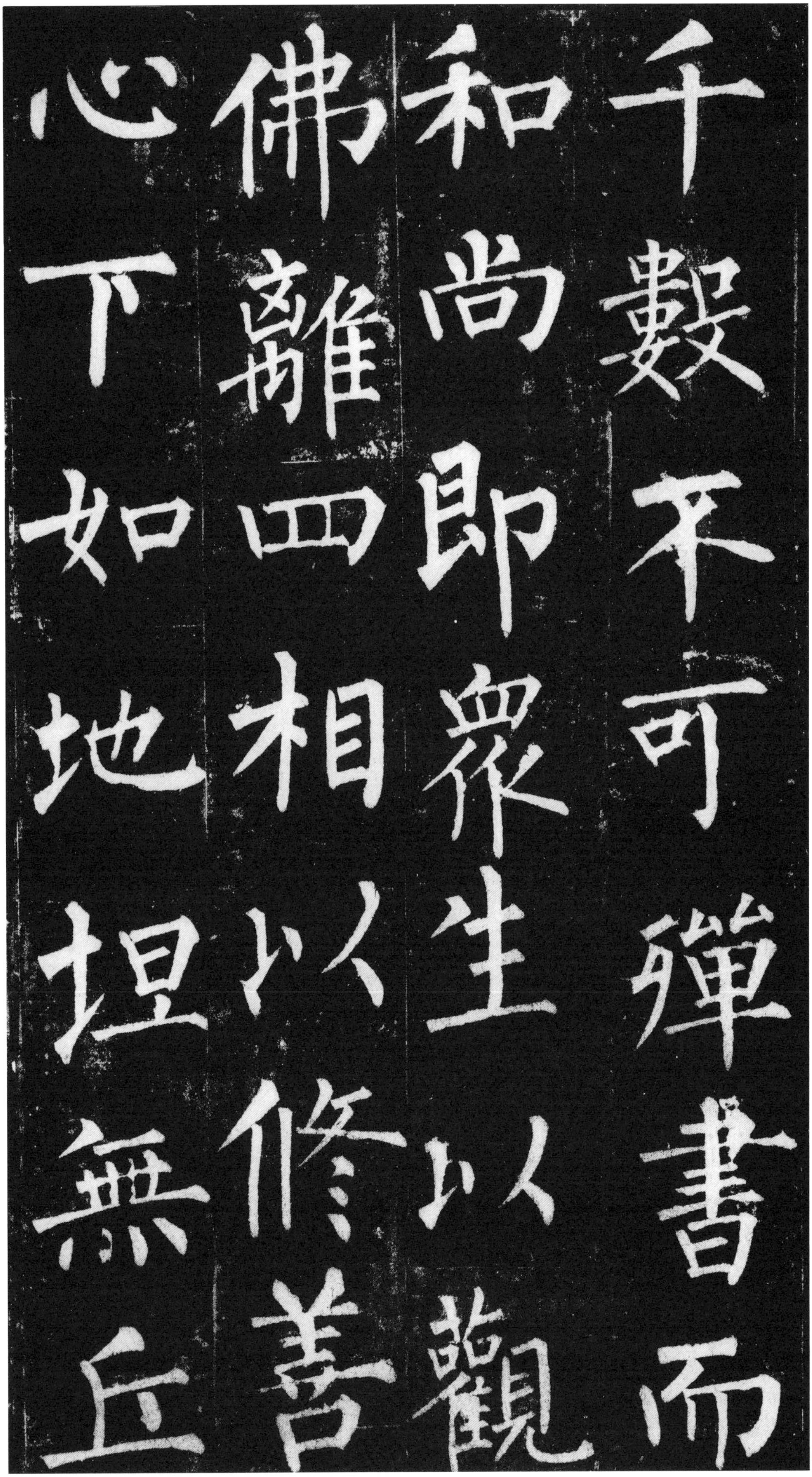

千数不可弹书而　和尚即众生以观　佛离四相以修善　心下如地坦无丘

陵王公與台皆以　诚接议者以为成　就常（不）轻行者唯　和尚而已夫将欲

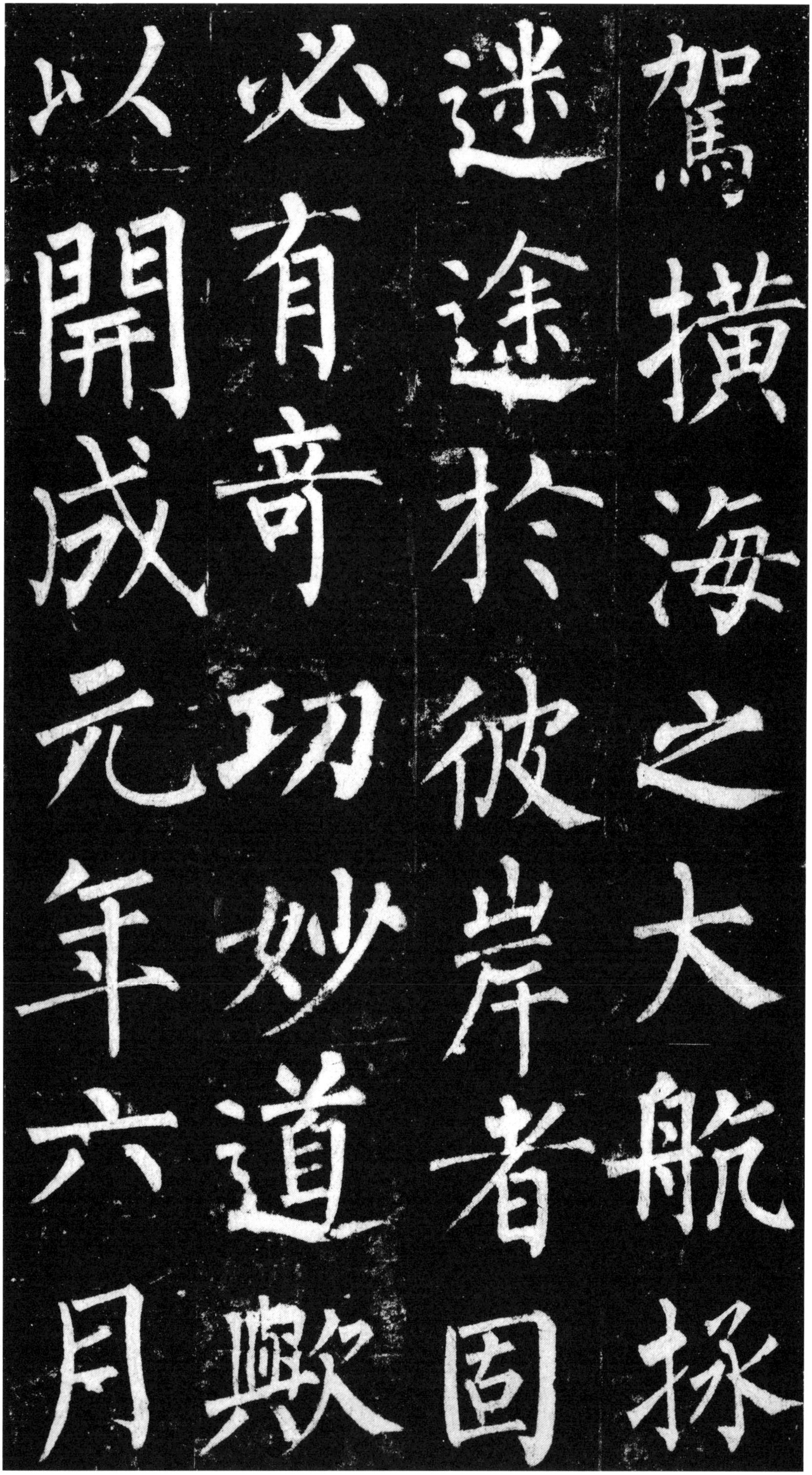

驾横海之大航拯　迷途于彼岸者固　必有奇功妙道欤　以开成元年六月

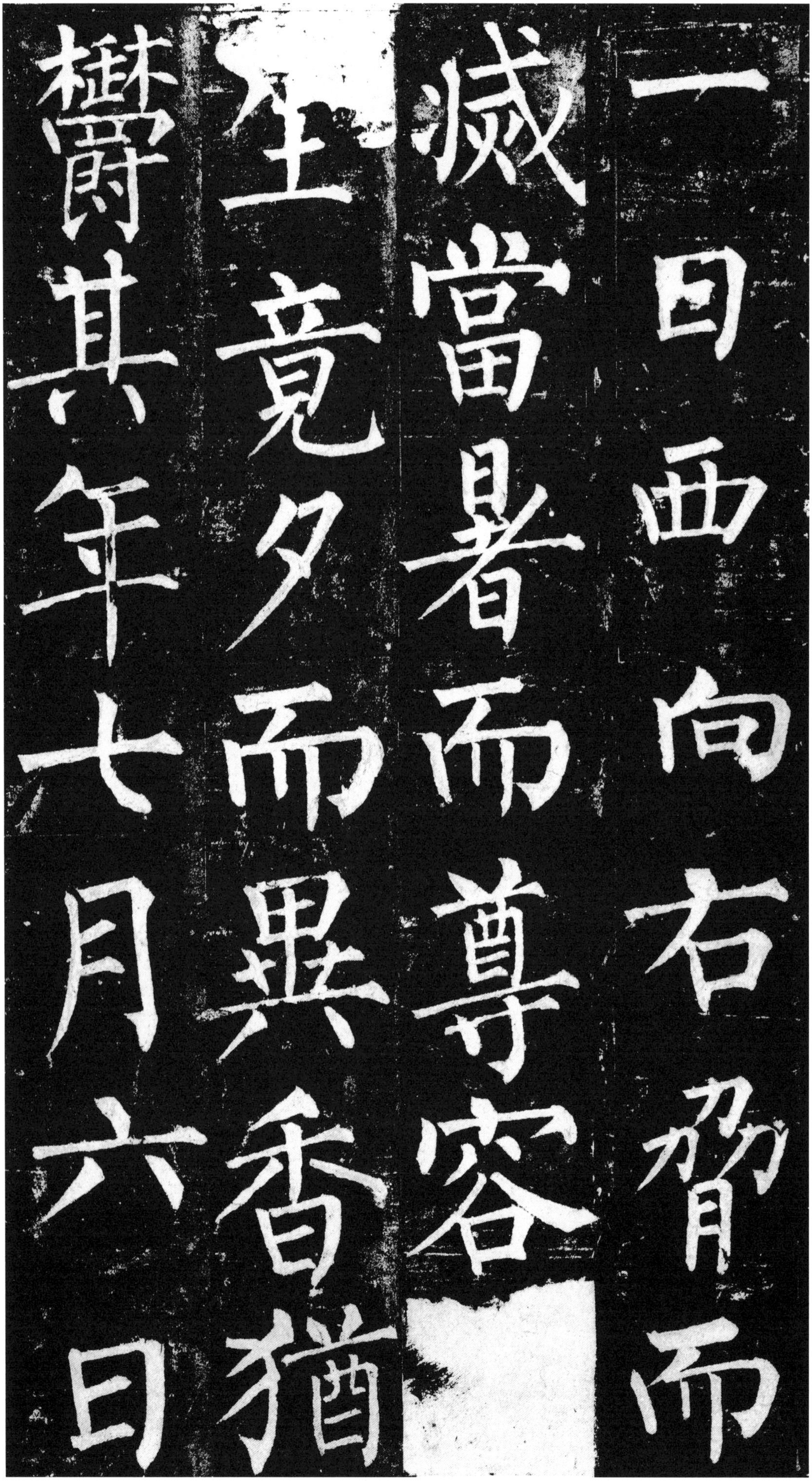

一日西向右胁而　灭当暑而尊容（若）　生竟夕而异香犹　郁其年七月六日

遷於長樂之南原
遺命荼毗得舍利
三百餘粒方熾而
神光月皎既燼而

迁于长乐之南原　遗命荼毗得舍利　三百余粒方炽而　神光月皎既烬而

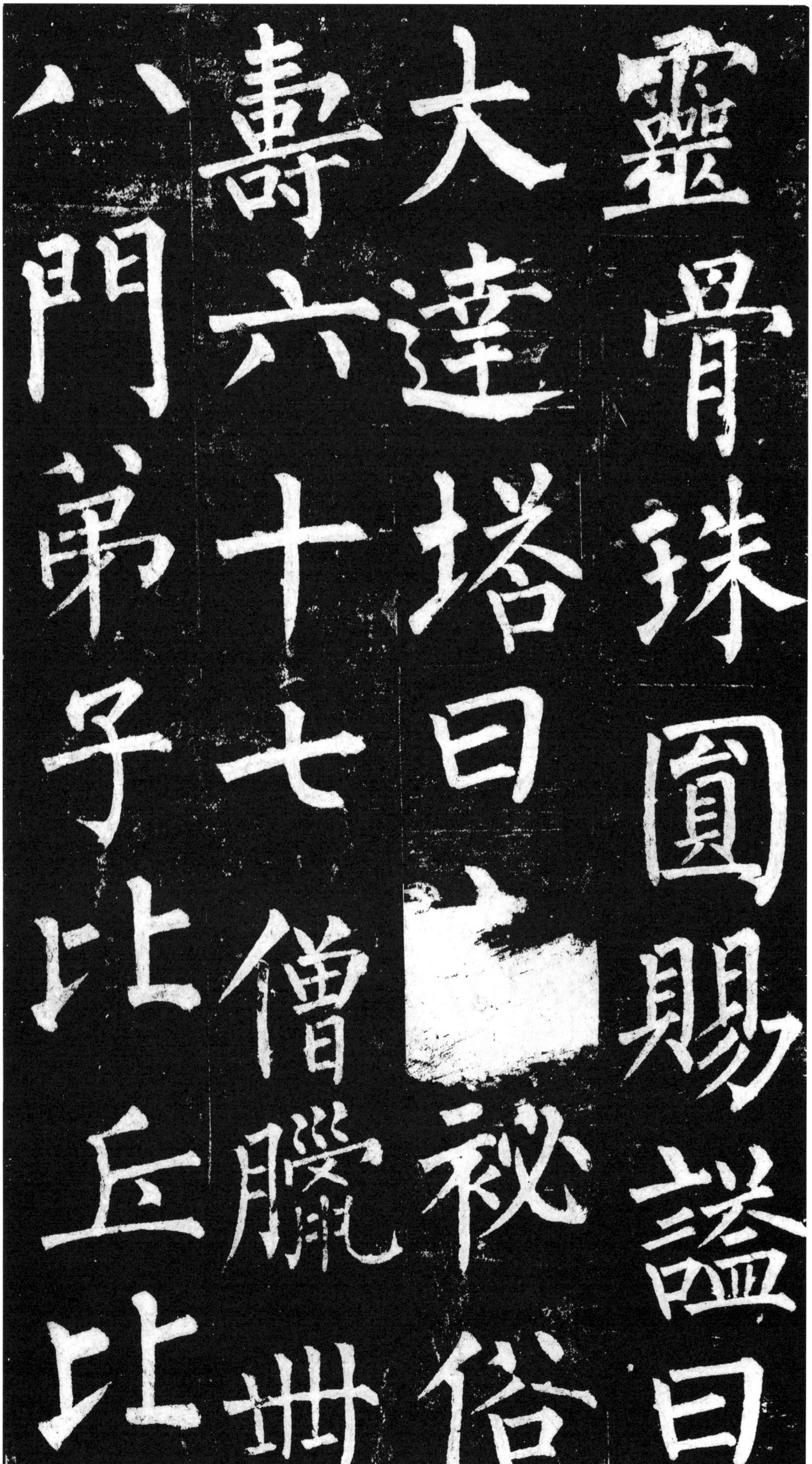

灵骨珠圆赐谥曰　大达塔曰（玄）秘俗　寿六十七僧腊卌　八门弟子比丘比

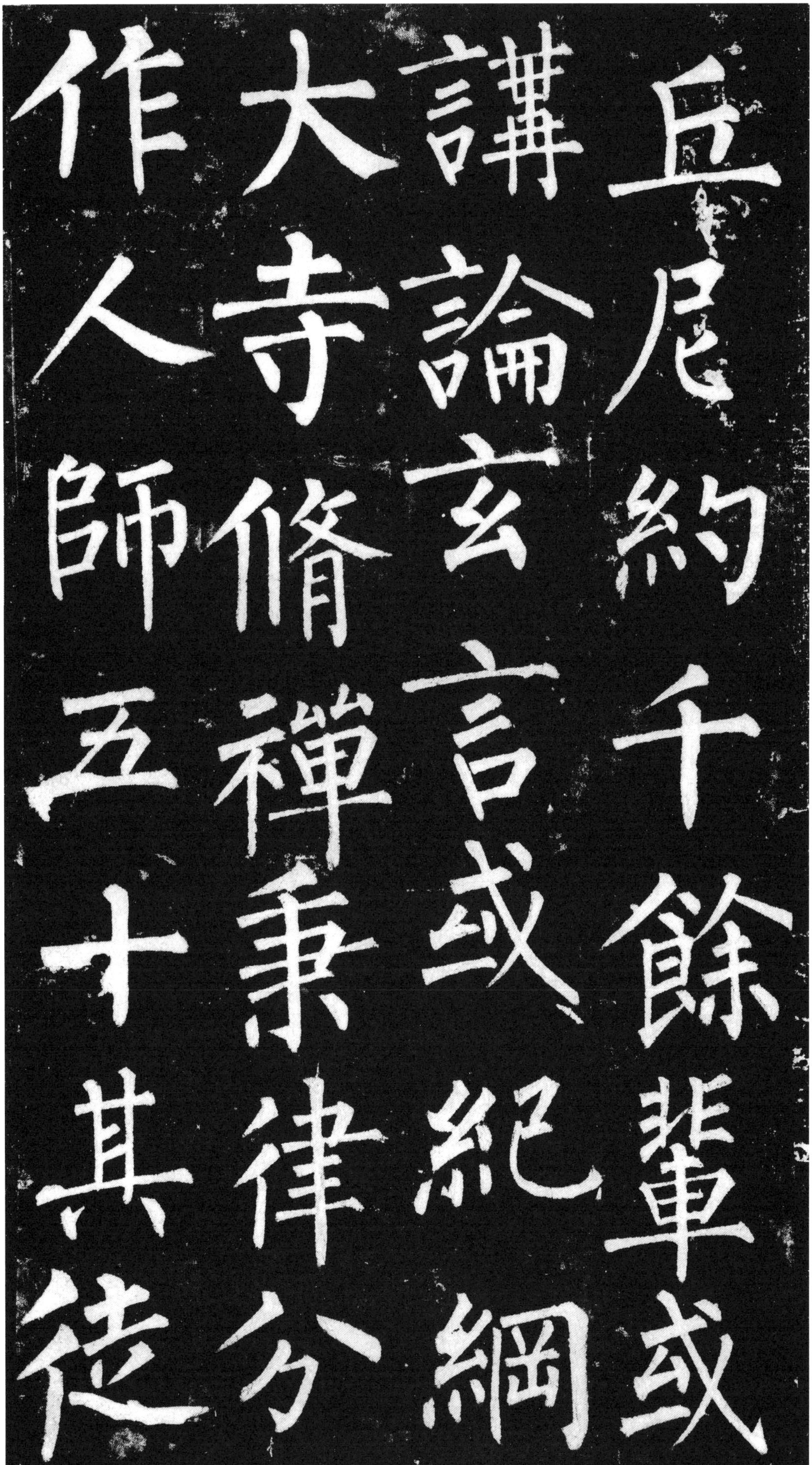

丘尼约千余辈或　讲论玄言或纪纲　大寺修禅秉律分　作人师五十其徒

皆为达者於戏　和尚（果）出家之雄　乎不然何至德殊　祥如此其盛也承

龚弟子义均自政　正言等克荷先业　虔守遗风大惧徽　猷有时堙没而今

閤门使刘公法（缘） 最深道契弥固亦 以为请愿播清尘 休尝游其藩备其

事随喜赞叹盖无　愧辞铭曰　贤劫千佛第四能　仁哀我生灵出经

破塵教網高張孰
辯孰分有大法
師如從親聞經律
論藏戒定慧學深

破尘教网高张孰　辩孰分有大法　师如从亲闻经律　论藏戒定慧学深

浅同源先后相觉　异宗偏义孰正孰　驳有大法师为　作霜雹趣真则滞

涉俗则流象狂猿　轻钩槛莫收柅制　刀断尚生疮疣　有大法师绝念而

游巨唐启运　大雄垂教千载冥　符三乘（迭耀）宠　重恩顾显阐赞导

有大法师逢时感　召空门正辟法宇　方开峥嵘栋梁一　旦而摧水月镜像

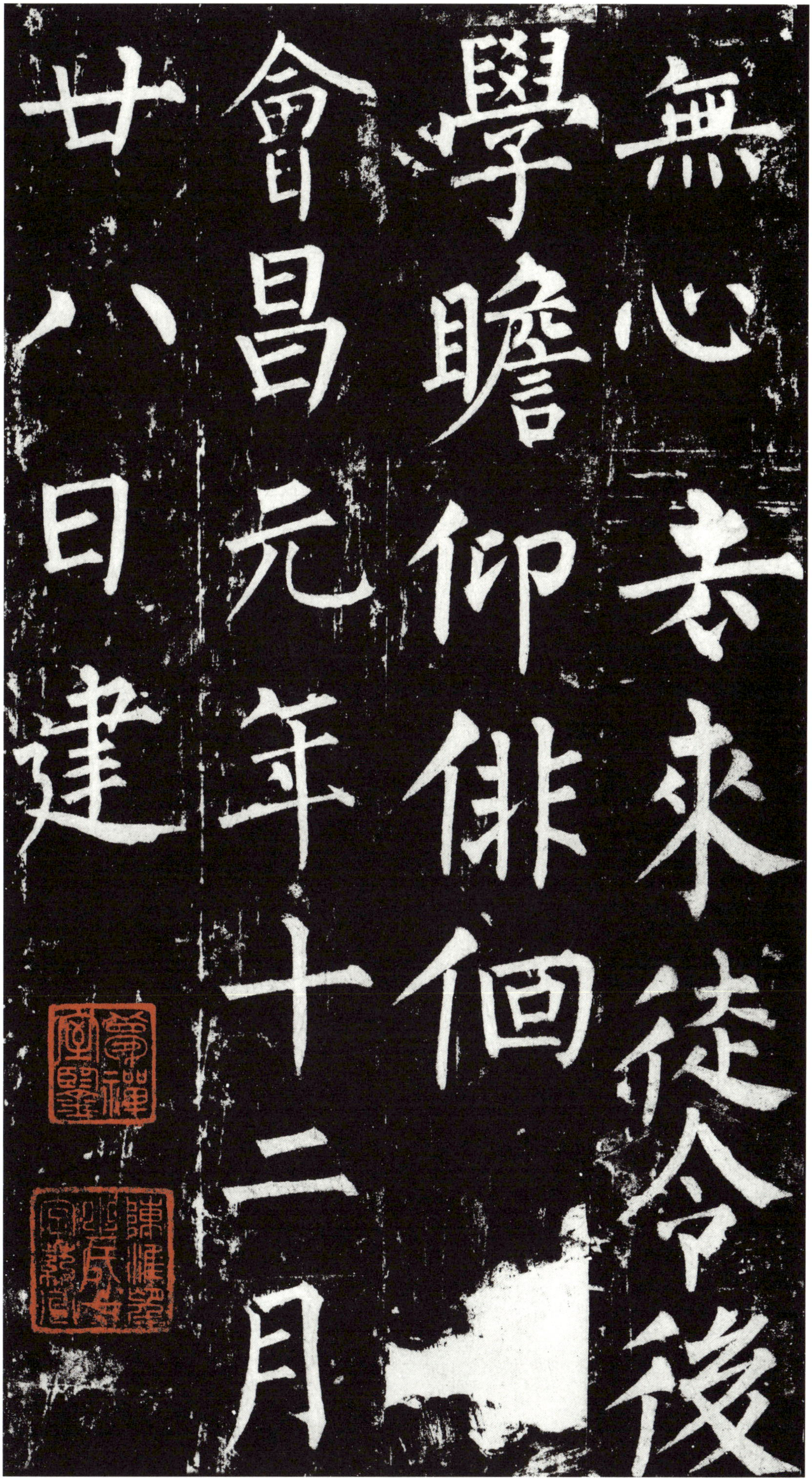

无心去来徒令后　学瞻仰徘徊　会昌元年十二月　廿八日建

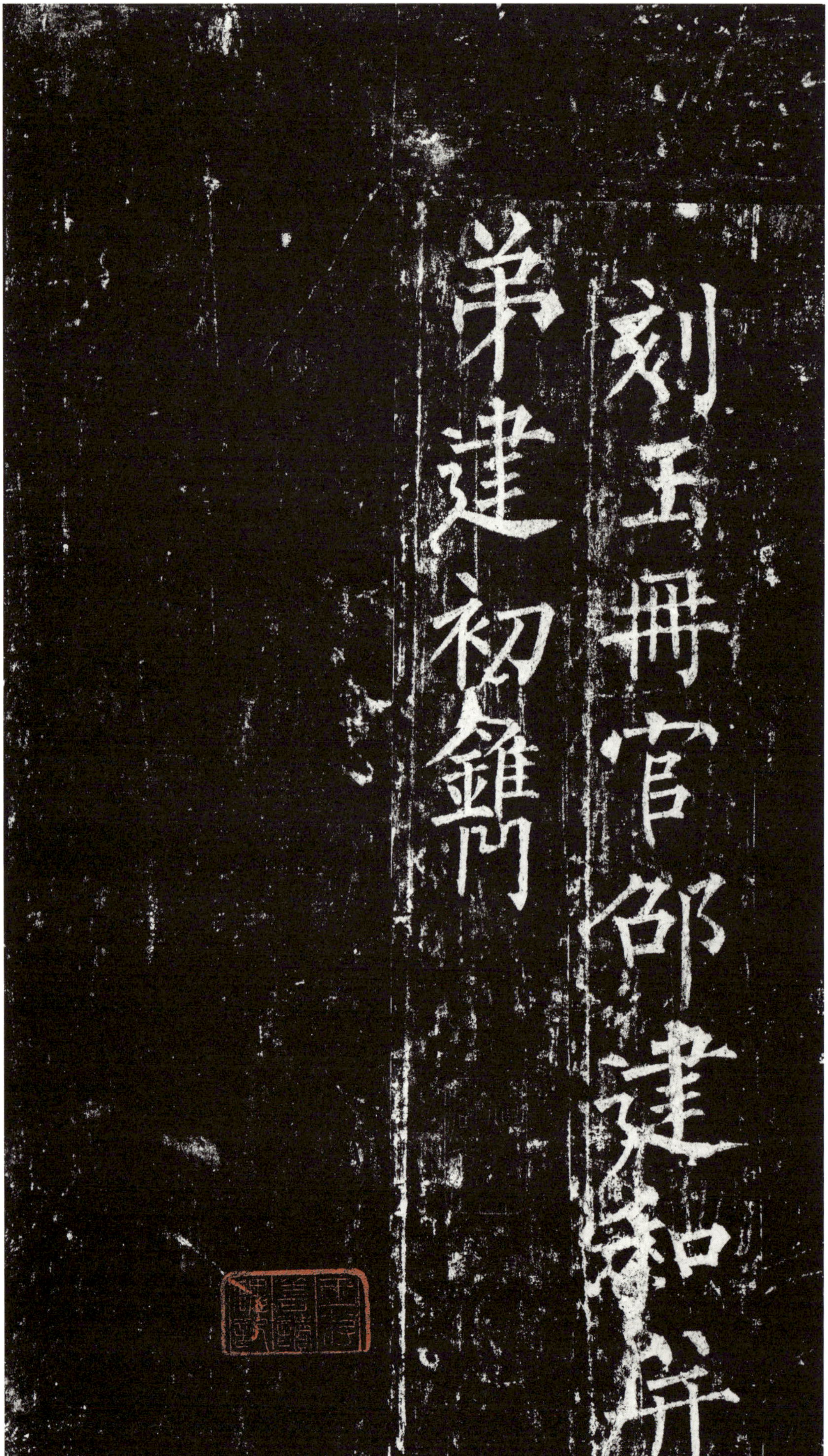

刻玉册官邵建和并　弟建初镌